GÉOGRAPHIE CARTOGRAPHIQUE

ILLUSTRÉE

DES COMMENÇANTS

GÉOGRAPHIE CARTOGRAPHIQUE

ILLUSTRÉE

DES COMMENÇANTS

A L'USAGE DES CLASSES ÉLÉMENTAIRES ET DES ÉCOLES PRIMAIRES

PAR P.-A. POULAIN DE BOSSAY

Ancien Proviseur au Lycée Saint-Louis, Membre de la Commission centrale de la Société de Géographie.

RENFERMANT 12 CARTES EN PLUSIEURS COULEURS

PAR M. DUBAIL

Ex-professeur-adjoint de Géographie à l'École de Saint-Cyr.

ET AVEC GRAVURES SUR BOIS

PAR J. WAGREZ

Élève de l'École des Beaux-Arts.

PARIS

LIBRAIRIE CLASSIQUE ET D'EDUCATION

Ve MAIRE-NYON

A. PIGOREAU, SUCCESSEUR

13, QUAI DE CONTI, 13

(Entre la Monnaie et l'Institut)

1878

Paris. — Imp. Gauthier-Villars, 55, quai des Grands-Augustins.

PRÉFACE

Aujourd'hui, tout voyage. Nos aliments, nos vêtements, jusqu'aux matériaux de nos maisons, toutes choses ont le plus souvent pris bien des chemins divers avant d'arriver à être utilisées.

Nos amis, nos parents partiront au loin; nous-mêmes, nous pouvons quitter notre maison.

C'est par la Géographie que nous connaissons ces pays que nous n'avons pas vus de nos yeux. Elle nous est utile pour l'intelligente direction de nos affaires. Elle devient plus nécessaire chaque jour avec les progrès de la circulation, c'est une science indispensable.

Tout nous convie à l'étude de la Géographie. En s'y appliquant, on sera frappé de la situation admirable de la France entre la Méditerranée et l'Océan. On admirera son sol fertile et varié, son climat remarquablement tempéré, sa position au centre de la civilisation européenne. Aussi, après avoir étudié les différents pays du monde, nous n'en aimerons que mieux la France, le pays fécondé par le travail de nos pères, notre chère patrie.

Pour apprendre la Géographie, l'usage des cartes est nécessaire et il est bon d'y avoir été habitué de très-bonne heure. C'est pourquoi nous avons placé, dans cet ouvrage élémentaire, des cartes voyantes, qui, attirant l'œil de l'enfant, lui font comprendre la figure des choses et le préparent à l'usage de cartes plus étendues.

ABRÉVIATIONS

N.	signifie	Nord.	S.-E.	signifie	Sud-Est.
S.	—	Sud.	S.-O.	—	Sud-Ouest.
E.	—	Est.	cap.	—	capitale.
O.	—	Ouest.	v. pr.	—	ville principale.
N.-E.	—	Nord-Est.	ch.-l.	—	chef-lieu.
N.-O.	—	Nord-Ouest.	dép.	—	département.

GÉOGRAPHIE CARTOGRAPHIQUE

ILLUSTRÉE

DES COMMENÇANTS

SECTION PREMIÈRE

NOTIONS PRÉLIMINAIRES

CHAPITRE PREMIER

1. La Géographie est la description de la surface de la Terre.

(La Terre dans l'espace.)

2. La Terre est à peu près ronde comme un globe ou une boule : c'est pour cela qu'on la nomme aussi Globe terrestre.

(Courbure de la mer. — Aspect. — Coupe.)

3. Le Levant, appelé aussi l'*Orient* ou l'*Est*, est le point où le soleil paraît se lever.

Le Couchant, appelé aussi l'*Occident* ou l'*Ouest*, est le point où le soleil paraît se coucher.

Le Nord ou le *Septentrion* est le point que l'on a devant soi quand, à midi, et dans la partie de la terre que nous habitons, on tourne le dos au soleil.

(Orientation à midi.)

Le Midi ou le *Sud* est le point que l'on a derrière soi; alors le Levant est à droite, et le Couchant est à gauche.

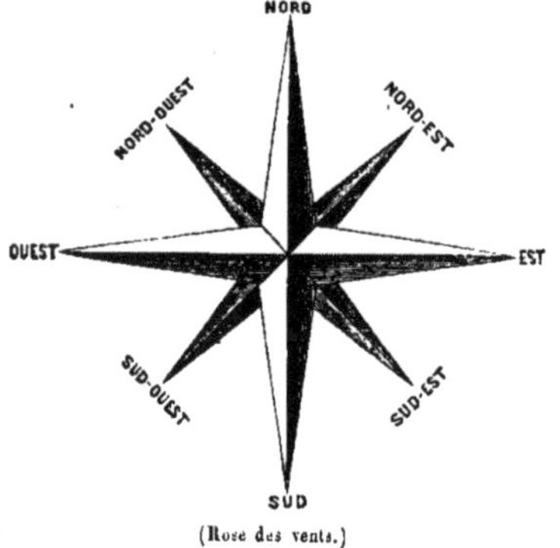

(Rose des vents.)

L'Est[1], l'Ouest, le Nord et le Sud sont appelés les *quatre points Cardinaux*, c'est-à-dire principaux.

4. Entre les points cardinaux, on en a imaginé quatre autres qui se nomment *points Collatéraux;* ce sont :

Le *Nord-Est*, entre le Nord et l'Est ;
Le *Sud-Est*, entre le Sud et l'Est;
Le *Sud-Ouest*, entre le Sud et l'Ouest;
Le *Nord-Ouest*, entre le Nord et l'Ouest.

Ces points Cardinaux et Collatéraux servent à déterminer la position des différentes parties du globe terrestre, les unes par rapport aux autres.

5. La Terre a 40,000 kilomètres de circonférence; elle tourne sur elle-même d'Occident en Orient, de même qu'une orange tournerait sur une longue aiguille qui la traverserait en passant par le centre. Les deux points opposés traversés à la surface par l'aiguille, représentent les deux points de la terre que l'on nomme *Pôles*.

Le Pôle placé du côté du Nord s'appelle Pôle *arctique*, Pôle septentrional ou Pôle boréal; le Pôle placé du côté du Sud s'appelle Pôle *antarctique*, Pôle méridional ou Pôle austral.

6. Pour pouvoir déterminer avec précision la position des différentes parties du Globe terrestre, on suppose sa surface divisée au moyen de plusieurs cercles.

7. L'*Équateur*, appelé aussi la Ligne équinoxiale, est un grand cercle également éloigné des deux pôles, et qui partage la terre en deux *hémisphères*, c'est-à-dire en deux *moitiés de boule*.

L'un, du côté du pôle arctique, se nomme l'hé-

HÉMISPHÈRE OCCIDENTAL.

HÉMISPHÈRE ORIENTAL

misphère septentrional ou boréal, et l'autre, l'hémisphère méridional ou austral.

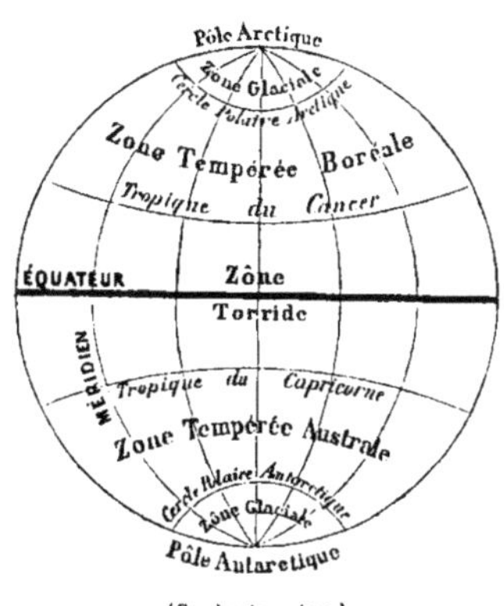

(Cercles terrestres.)

8. Un *Méridien*, dont le nom signifie *milieu du jour*, est un grand cercle qui passe par les deux pôles et qui partage le Globe en hémisphère oriental et en hémisphère occidental. Il est midi en même temps pour tous les points de la terre qui, d'un pôle à l'autre, se trouvent situés sur le même méridien. On ne peut faire un pas vers l'orient ou vers l'occident sans changer de méridien.

9. La *Latitude* d'un lieu est la distance de ce lieu à l'équateur. Elle est septentrionale ou méridionale, selon que le lieu est au nord ou au sud de l'équateur.

10. La *Longitude* est la distance du méridien d'un lieu à un autre méridien, que l'on appelle *premier méridien* ou *méridien convenu*. Les Français prennent pour premier méridien celui qui passe à Paris.

11. Les *Tropiques* sont deux petits cercles placés au N. et au S. de l'équateur, dont ils sont éloignés de vingt-trois degrés et demi. Ils marquent le point le plus septentrional et le plus méridional où le soleil paraît se lever.

Dans l'hémisphère boréal est le tropique du *Cancer;* dans l'hémisphère austral est le tropique du *Capricorne.*

12. Les deux *Cercles polaires* sont aussi de petits cercles autant éloignés de chaque pôle que les tropiques le sont de l'équateur. L'un se nomme cercle polaire *arctique;* l'autre, cercle polaire *antarctique.*

13. Sous le rapport de la température des diverses parties du Globe terrestre, on le divise en cinq zones ou bandes :

La zone *torride*, c'est-à-dire *brûlée*, entre les deux tropiques; les deux zones *tempérées*, entre les tropiques et les cercles polaires; et les deux zones *glaciales*, entre chaque cercle polaire et le pôle correspondant.

14. Les globes et les cartes géographiques servent à représenter les différentes parties de la terre avec leurs positions respectives.

Une *Mappemonde* est une carte qui représente toute la terre en deux hémisphères.

15. Sur une carte, on est convenu de placer toujours le nord en haut, le sud en bas, l'est à droite, l'ouest à la gauche de celui qui la regarde.

16. La surface du globe terrestre se compose de terre et d'eau; l'eau en occupe à peu près les trois quarts.

On donne le nom d'*Océan* ou de *Mer* à cette immense étendue d'eau salée qui environne les terres.

17. Un *Continent* est un très-grand espace de terre contenant plusieurs contrées, que l'on peut parcourir sans traverser la mer.

18. Une *Contrée* est une grande étendue de terre qui renferme un ou plusieurs États.

19. Une *Ile* est un espace de terre entouré d'eau de tous côtés.

20. Une *Presqu'île* ou *Péninsule* est une portion de terre environnée d'eau, excepté d'un seul côté, par lequel elle tient à une autre terre.

21. Un *Isthme* est une langue de terre resserrée entre deux mers, et qui réunit une presqu'île à un continent ou deux presqu'îles ensemble.

22. Un *Cap* ou *Promontoire* est une pointe de terre qui s'avance dans la mer.

23. On appelle *Côte* la partie de la terre que baigne la mer.

24. Une *Montagne* est une masse de terre fort élevée au-dessus de tout ce qui l'entoure. Une montagne très-haute, et dont la pente est rapide, se nomme *Pic*. Plusieurs montagnes à la suite les unes des autres forment une *Chaîne de montagnes*.

25. Un *Volcan* est une montagne qui, par une ouverture nommée *Cratère*, vomit des flammes et des matières embrasées.

26. Un *Défilé*, que l'on nomme aussi *Pas* ou *Col*, est un passage étroit entre deux montagnes, ou entre une montagne et la mer.

27. Un *Banc de sable* est un amas de sable d'une certaine étendue, et recouvert par les eaux de la mer ou d'un fleuve, mais où ces eaux sont peu profondes.

28. Des rochers à fleur d'eau, contre lesquels les vaisseaux peuvent échouer, se nomment *Écueils;* on donne le nom de *Récifs* ou *Brisants* à des rochers élevés et voisins de la côte, sur lesquels la mer se brise avec violence.

29. La mer prend le nom de *Mer intérieure* quand elle pénètre dans les continents; alors elle reçoit des noms particuliers tirés de la situation.

30. Un *Golfe* est une portion de mer qui avance dans les terres. Quand une portion de mer est petite, on la nomme *Baie*. Une *Anse* est un très-petit golfe.

31. Une *Rade* est un endroit où les vaisseaux peuvent jeter l'ancre, et se trouver à l'abri des vents.

32. Un *Port* est une petite baie ou une rade que le travail des hommes a rendue propre à offrir un asile sûr aux vaisseaux. Un *Havre* est un petit port.

33. Un *Détroit* est une partie de la mer resserrée entre deux terres. Un détroit prend aussi les noms de *Pas*, de *Canal*, de *Phare*, de *Pertuis*.

34. Un *Archipel* est un endroit de la mer où plusieurs îles se trouvent réunies. Plusieurs petites îles rapprochées les unes des autres prennent le nom de *Groupe* d'îles.

35. Un *Gouffre* est un tournant d'eau causé par deux courants opposés qui se rencontrent.

36. Un *Lac* est une étendue d'eau ordinairement douce, au milieu des terres. Un lac n'a pas de communication apparente avec la mer, ou ne communique avec elle que par des rivières. Un très-petit *Lac* se nomme *Étang*.

CARTE DES DÉFINITIONS

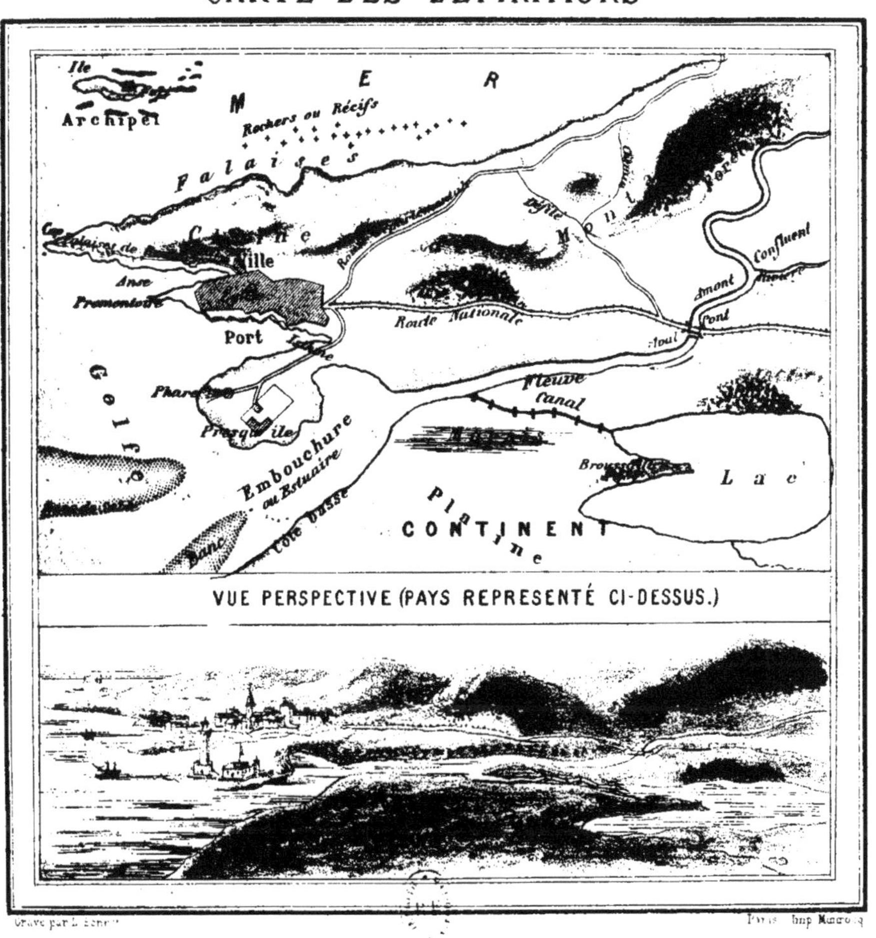

37. Un *Marais* est un amas d'eau peu profond et qui n'a pas d'issue.

38. Un *Ruisseau* est un faible courant d'eau. Une *Rivière* est un courant d'eau plus considérable qui coule sans cesse dans un *lit*, jusqu'à ce qu'il se décharge dans la mer ou dans une autre rivière.

Un *Fleuve* est un grand courant d'eau qui conserve son nom jusqu'à ce qu'il se jette dans la mer.

39. Le lieu d'où une rivière ou un fleuve commence à couler se nomme *Source.*

L'*Embouchure* est l'endroit où un fleuve ou une rivière entre dans la mer.

40. Un *Confluent* est le lieu où une rivière se réunit à un fleuve ou à une autre rivière.

41. La droite ou la gauche d'une rivière est le côté de son lit qui se trouve à la droite ou à la gauche d'une personne, quand elle la descend le dos tourné vers sa source.

42. Un *Saut* ou une *Cataracte* est une chute rapide des eaux d'un fleuve, occasionnée par la pente très-brusque du sol sur lequel il coule. Plusieurs petites chutes d'eau de suite forment une *Cascade.*

43. Un *Canal* est une rivière faite par les hommes pour établir une communication, soit entre deux rivières, soit entre une rivière ou un fleuve et la mer.

CHAPITRE II

GRANDES DIVISIONS DU GLOBE.

44. On divise la Terre en cinq grandes parties, que l'on appelle les cinq parties du Monde; ce sont : l'*Europe*, l'*Asie*, l'*Afrique*, qui composent l'ancien continent; l'*Amérique* ou *Nouveau-Monde*, qui forme le nouveau continent; l'*Océanie*, qui est formée de l'Australie et des îles situées au S.-E. de l'Asie ou dispersées dans le Grand Océan.

45. L'Océan se divise également en cinq grandes mers extérieures, savoir : l'*Océan Atlantique*, qui baigne l'Europe et l'Afrique à l'E., et l'Amérique à l'O. Il prend le nom d'Océan Atlantique Boréal entre le tropique du Cancer et le cercle polaire Arctique; d'Océan Atlantique Equinoxial, entre les deux tropiques; et d'Océan Atlantique Austral, entre le tropique du Capricorne et le cercle polaire Antarctique.

Le *Grand Océan*, appelé aussi *Océan Pacifique* ou *Mer du Sud*, situé entre l'Amérique à l'E. et l'Asie à l'O. Il reçoit les noms de Boréal, Equinoxial, Austral de la même manière que l'Océan Atlantique.

L'*Océan Indien*, ou grande *Mer des Indes*, entre l'Afrique à l'O., l'Asie au N. et l'Océanie à l'E.

L'*Océan Glacial Arctique*, au N. de l'Europe, de l'Asie et de l'Amérique. On l'appelle aussi *Mer Glaciale.*

L'*Océan Glacial Antarctique*, au S. du globe.

SECTION II

EUROPE

CHAPITRE PREMIER

46. L'Europe est bornée au N. par l'Océan Glacial Arctique, à l'O. par l'Océan Atlantique, au S. par la Mer Méditerranée, qui la sépare de l'Afrique, au S.-E. par l'Archipel, la Mer de Marmara, la Mer Noire et le mont Caucase; à l'E. par la Mer Caspienne, le fleuve Oural, les Monts Ourals et la rivière Kara, qui la séparent de l'Asie. C'est la plus petite des cinq parties du monde, mais la mieux civilisée et la plus peuplée, eu égard à son étendue. Elle contient à peu près 300 millions d'habitants.

47. L'Europe peut être divisée en 15 parties principales, dont 4 au N., 6 au milieu, et 5 au S.

Au Nord	les *îles Britanniques* (les deux principales sont la Grande-Bretagne et l'Irlande); le *Danemark;* la *Suède* avec la *Norwége;* la *Russie d'Europe;*
Au milieu	la *France;* la *Suisse;* la *Belgique;* la *Hollande;* l'*Allemagne;* l'*Autriche;*
Au Sud	le *Portugal;* l'*Espagne;* l'*Italie;* la *Turquie d'Europe;* la *Grèce;*

48. Sur les côtes de l'Europe, l'Océan Atlantique se nomme : *Mer du Nord,* entre la Grande-Bretagne à l'O., la Norwége et le Danemark à l'E., la Belgique, la Hollande et l'Allemagne au S.; *Mer d'Irlande,* entre l'île de ce nom et la Grande-Bretagne; la *Manche,* entre la Grande-Bretagne et la France.

49. Les Mers intérieures et les principaux Golfes de l'Europe sont :

La *Mer Blanche,* au N. de la Russie d'Europe, formée par l'Océan Glacial Arctique; la *Mer Baltique,* formée par la Mer du Nord, entre la Suède, la Russie et la Prusse : elle forme elle-même les golfes de *Bothnie* au N., de *Finlande* à l'E., de *Riga* au S.-E.

Le golfe de *Gascogne,* entre la France et l'Espagne, formé par l'Océan Atlantique;

La *Mer Méditerranée,* qui communique avec l'Océan par un détroit resserré entre l'Espagne et l'Afrique, et qui forme les golfes de *Lion,* au S. de la France; de *Gênes,* à l'E. de ce dernier; de *Venise,* appelée aussi *Mer Adriatique,* à l'E. de l'Italie; de *Tarente,* à l'extrémité méridionale de cette contrée; l'*Archipel* ou *Mer Egée,* entre l'Europe et l'Asie;

La *Mer de Marmara,* au N.-E. de l'Archipel; la *Mer Noire,* au S. de la Russie; la *Mer d'Azof,* au N.-E. de la Mer Noire.

Au S.-E. de la Russie Européenne est la *Mer Caspienne,* qui n'a aucune communication apparente avec les autres mers.

50. Les îles les plus considérables qui appartiennent à l'Europe sont : le *Spitzberg* et la *Nouvelle-Zemble* dans l'Océan Glacial Arctique; dans l'Océan Atlantique, l'*Islande,* près du cercle polaire; la *Grande-Bretagne,* l'*Irlande;* dans la Mer Méditerranée, les îles *Baléares,* près des côtes de l'Espagne; la *Corse,* au S.-E. de la France; la *Sardaigne,* au S. de la Corse; la *Sicile,* au S.-O. de l'Italie;

EUROPE.

Gravé par L. Sonnet

Paris, Imp. Monrocq

Myriamètres.

Les îles de l'*Archipel*, l'île de *Candie*.

51. En Europe, il y a trois grandes Presqu'îles et trois autres plus petites. Les grandes sont : la *Scandinavie* ou presqu'île Scandinave, comprenant la Suède, la Norwége et la Laponie, bornée par la Mer Blanche, l'Océan Glacial, l'Océan Atlantique, la Mer du Nord et la Mer Baltique ;

La *Péninsule Espagnole*, qui comprend l'Espagne et le Portugal ; elle est bornée par le golfe de Gascogne, l'Océan Atlantique et la Mer Méditerranée ;

L'*Italie*, entre la Méditerranée et la Mer Adriatique.

Les petites Presqu'îles sont le *Jutland*, partie du Danemark, entre la Mer du Nord et la Mer Baltique ; la *Morée*, appelée autrefois Péloponèse, au S. de la Grèce ; la *Crimée*, au S. de la Russie d'Europe, entourée par la Mer Noire et la Mer d'Azof.

52. Les principaux Détroits de l'Europe sont : le détroit de *Waigatz*, entre la Russie et l'île de Waigatz, au S. de la Nouvelle-Zemble ; le *Skager-Rack*, au N. du Jutland ; le *Cattégat*, entre le Jutland et la Suède ; le détroit du *Sund*, à l'entrée de la Baltique, entre la Suède et l'île de Séeland ; le grand *Belt*, entre les îles de Séeland et de Fionie ; le petit *Belt*, entre l'île de Fionie et le Jutland ; le *Pas-de-Calais*, entre la Grande-Bretagne et la France ; le canal *Saint-Georges*, au S. de la Mer d'Irlande ; le détroit de *Gibraltar*, par lequel la Mer Méditerranée communique avec l'Océan ; celui de *Bonifacio*, entre les îles de Corse et de Sardaigne ; le *Phare de Messine*, entre la Sicile et l'Italie ; le détroit des *Dardanelles*, qui joint l'Archipel à la Mer de Marmara ; le canal de *Constantinople*, qui établit la communication entre la Mer de Marmara et la Mer Noire ; le détroit d'*Iénikalé* ou de *Caffa*, qui réunit la Mer Noire à la Mer d'Azof.

53. Les Caps les plus remarquables de l'Europe sont : les caps *Nord*, dans l'île de Mageroë, au N. de la presqu'île Scandinave ;

Naze ou *Lindesnæs*, au S. de la Norwége ;

Skagen, au N. du Jutland ;

Land's end, au S.-O. de l'Angleterre ;

Misen, au S. de l'Irlande ;

De *la Hogue*, au N. de la France ;

Finistère, au N.-O. de l'Espagne ;

Saint-Vincent, au S.-O. du Portugal ;

Passaro, au S.-E. de la Sicile ;

Matapan, au S. de la Morée.

54. Les principales chaînes de Montagnes de l'Europe sont :

Les *Pyrénées*, qui séparent l'Espagne de la France ;

Les *Alpes*, qui bornent l'Italie du côté du Nord et la séparent de la France, de la Suisse et de l'Allemagne ;

L'*Apennin*, ramification des Alpes, qui traverse l'Italie dans toute sa longueur ;

Les monts *Krapaks* ou *Carpathes*, au milieu de l'Europe, dans la partie septentrionale de l'empire d'Autriche ;

Les monts *Balkans*, dans la Turquie d'Europe ;

Le *Caucase*, entre la Mer Noire et la Mer Caspienne ;

Les monts *Ourals*, qui séparent la Russie d'Europe de la Russie d'Asie ;

Les *Dofrines* ou *Alpes scandinaves*, entre la Suède et la Norwége.

55. Il y a en Europe trois Volcans : l'*Etna*, en Sicile; le *Vésuve*, en Italie, près de Naples; le mont *Hékla*, en Islande.

56. Les Lacs les plus considérables de l'Europe sont : en Suède, les lacs *Vener, Vetter, Mœlar;* en Russie, les lacs *Onéga, Ladoga, Peïpus;* en Hongrie (partie de l'empire d'Autriche), le lac *Balaton;* en Suisse, les lacs de *Neufchatel*, de *Zurich*, de *Lucerne*, de *Genève;* le lac de *Constance*, au N.-E. de la Suisse; en Italie, les lacs *Majeur*, de *Côme*, de *Garde*, au N., de *Pérouse*, de *Bolsena*, de *Celano*, au milieu.

57. Les plus grands fleuves de l'Europe, classés suivant les Mers où se trouvent leurs embouchures, sont :

Dans l'Océan Glacial : la *Petchora*, en Russie.

Dans la Mer Blanche : la *Dvina*, en Russie.

Dans la Mer Baltique : la *Duna*, le *Niémen*, en Russie; la *Vistule*, en Russie et en Prusse; l'*Oder*, en Prusse.

Dans la Mer du Nord : l'*Elbe*, le *Rhin*, en Allemagne.

Dans la Manche : la *Seine*, en France.

Dans l'Océan Atlantique : la *Loire*, la *Garonne*, en France;

le *Douro*, le *Tage*, la *Guadiana*, le *Guadalquivir*, en Espagne.

Dans la Méditerranée : l'*Ebre*, en Espagne; le *Rhône*, en France.

Dans la Mer Adriatique : le *Pô*, au nord de l'Italie.

Dans la Mer Noire : le *Danube*, qui traverse l'Allemagne, l'Autriche, et la Turquie d'Europe;

le *Dniester*, le *Dniéper*, en Russie d'Europe.

Dans la Mer d'Azof : le *Don*, en Russie d'Europe.

Dans la Mer Caspienne : le *Volga*, l'*Oural*, en Russie d'Europe.

CHAPITRE II

§ 1. *Région du Nord.*

ILES BRITANNIQUES.

58. On comprend sous le nom d'îles Britanniques plusieurs îles, dont les plus considérables sont : l'Irlande et la Grande-Bretagne, qui renferme l'*Angleterre* au S., et l'*Ecosse* au N. Elles sont entourées par l'Océan Atlantique au N. et à l'O., par la Manche et le Pas-de-Calais au S., et la Mer du Nord à l'E.

ANGLETERRE

L'Angleterre est arrosée par l'*Humber* et la *Tamise* à l'E., la *Saverne* à l'O., et par de nombreux canaux.

Le climat est humide, et le raisin n'y mûrit pas. On y trouve une quantité prodigieuse de charbon de terre. Le comté de Cornouaille fournit le meilleur étain de l'Europe. Les Anglais ont porté l'agriculture et l'industrie à un haut degré de perfection. Leur commerce s'étend sur tous les points du globe, et leurs vaisseaux parcourent toutes les mers.

Londres, sur la Tamise, capitale de tout le

royaume, est la ville la plus grande et la plus riche de l'Europe.

(Londres. — Vue de London-bridge.)

Villes principales : *Liverpool*, *Bristol*, *Plymouth*, *Portsmouth*, *Cantorbéry*, *Douvres*, *York*, *Birminghan*, *Manchester*, *Oxford* et *Cambridge*.

ÉCOSSE

59. L'Écosse est un pays montagneux, rempli de lacs et de rivières.

Edimbourg, sur le golfe de Forth, est la capitale du pays.

Ville principale : *Glascow*.

IRLANDE

60. L'Irlande est un pays plat, rempli de marais et de lacs, et arrosé par plusieurs rivières.

Dublin, sur le canal Saint-Georges, est la capitale de l'Irlande.

Villes principales : *Belfast*, *Cork*, *Limerick*.

DANEMARK.

61. Le royaume de Danemark se compose de quatre parties :

1° La presqu'île du Jutland, capitale *Wibord*.

2° Plusieurs îles de la Baltique, dont la principale est *Séeland*, où se trouve COPENHAGUE, capitale de tout le royaume et résidence du souverain.

(Copenhague. — Vue de la Bourse.)

3° Les îles *Féroé*, stériles et peu habitées.

4° L'*Islande*, île hérissée de montagnes.

SUÈDE.

62. Le royaume de Suède, compris dans la presqu'île Scandinave, et borné au N.-O. par la Tornéa, qui la sépare de la Russie, se compose de la *Suède* et de la *Norwége*, réunies sous le même souverain.

La SUÈDE est un pays très-montagneux, entrecoupé de lacs, de marais, et arrosé d'une multitude de rivières. Le commerce consiste en cuivre, fer, fourrures et bois de construction. La Suède a pour capitale STOCKHOLM, sur le lac Melar.

(Stockholm. — Vue du palais du Roi.)

Villes principales : *Upsal* et *Gottembourg*.

63. La NORWÈGE est séparée de la Suède par les Dofrines.

Les villes principales sont : *Christiania*, capitale ; *Drontheim*, *Berghen*, *Christiansand*.

64. La *Laponie*, qui occupe l'extrémité septentrionale de la presqu'île Scandinave, et dont une partie appartient à la Suède, est habitée par des hommes dont la taille est d'une petitesse remarquable.

RUSSIE D'EUROPE.

65. La Russie d'Europe est bornée au N. par l'Océan Glacial ; à l'O. par la Suède, la Baltique, la Prusse et l'empire d'Autriche ; au S., par la Turquie d'Europe, la Mer Noire et le Caucase ; à l'E., par la Mer Caspienne et l'Asie. Comme elle s'étend sur toute la largeur de l'Europe, le climat, le sol et les productions en sont nécessairement très-variés.

66. La Russie est arrosée par la *Petchora*, qui se jette dans l'Océan Glacial ; la *Dvina*, qui se jette dans la Mer Blanche ; la *Néva*, qui réunit le lac Ladoga au golfe de Finlande ; la *Duna*, qui se jette dans le golfe de Riga ; le *Niémen*, dans la Baltique ; le *Dniester* et le *Dniéper*, dans la Mer Noire ; le *Don*, dans la Mer d'Azof ; le *Volga*, le plus grand fleuve de l'Europe, et l'*Oural*, qui se jettent tous deux dans la Mer Caspienne.

La Russie d'Europe se compose de la Russie proprement dite, autrefois appelée Moscovie, de la Finlande, de plusieurs pays conquis autour de la chaîne du Caucase, entre la Mer Caspienne et la Mer Noire, et de plusieurs provinces qui faisaient partie de l'ancien royaume de Pologne.

(Saint-Pétersbourg. — Vue de la Néva l'hiver.

SAINT-PÉTERSBOURG, sur la Néva, est la capitale de tout l'empire.

FRANCE PHYSIQUE

Paris. Imp. Monrocq

Villes principales : *Moscou*, *Riga*, *Astrakhan*, *Kiew*, *Odessa*, *Varsovie*.

§ 2. *Région du milieu.*

FRANCE.

67. La France est bornée au N. par la Belgique et par la Manche, à l'O. par l'Océan Atlantique, au S. par l'Espagne et par la Méditerranée, à l'E. par l'Italie, la Suisse et l'Allemagne.

Sa population est de 36,905,788 habitants.

Le sol de la France est généralement fertile; il produit du blé, du chanvre, du lin, des betteraves, avec lesquelles on fabrique du sucre; des truffes, des pommes de terre, d'excellents fruits, du tabac, et des vins dont on exporte une grande quantité dans les pays étrangers. On trouve en France des mines de fer, de plomb, de cuivre, de zinc, de charbon, de sel; des carrières de granit, de marbre, d'ardoise; elle possède des manufactures d'armes, de quincaillerie, d'orfévrerie, de draps, de tapis, de toiles de lin et de coton; de soie, de glaces, de porcelaine, etc., qui ont atteint la plus grande perfection.

68. La France est coupée par plusieurs canaux et arrosée par un grand nombre de rivières qui, pour la plupart, se déchargent dans cinq grands fleuves, savoir : le *Rhin*, la *Seine*, la *Loire*, la *Garonne* et le *Rhône*.

Le Rhin reçoit sur la rive gauche la *Moselle*, grossie de la *Meurthe*.

La Seine reçoit à droite l'*Aube*, la *Marne*, l'*Oise* grossie de l'*Aisne;* à gauche, l'*Yonne*, l'*Eure*.

La Loire reçoit à droite la *Nièvre*, la *Mayenne* réunie à la *Sarthe*, déjà grossie du *Loir;* à gauche, l'*Allier*, le *Cher*, l'*Indre*, la *Vienne*, grossie de la *Creuse*, la *Sèvre Nantaise*.

La Garonne reçoit à droite l'*Ariége*, le *Tarn* grossi de l'*Aveyron*, le *Lot*, la *Dordogne* grossie de la *Corrèze;* à gauche, le *Gers*.

Le Rhône reçoit à droite l'*Ain*, la *Saône* grossie du *Doubs*, l'*Ardèche*, le *Gard;* à gauche, l'*Isère*, la *Drôme*, la *Sorgue*, petite rivière formée par la fontaine de Vaucluse, la *Durance*.

69. Il y a encore en France plusieurs autres rivières qui déchargent leurs eaux directement dans la mer.

La *Meuse*, grande rivière qui, vers son embouchure, mêle ses eaux à celles du Rhin, et se jette dans la Mer du Nord. L'*Escaut*, qui se jette aussi dans la Mer du Nord. La *Somme*, l'*Orne*, qui se jettent dans la Manche. La *Vilaine* grossie de l'*Ille*, la *Sèvre Niortaise* grossie de la *Vendée*, la *Charente*, l'*Adour*, qui se jettent dans le golfe de Gascogne. L'*Aude*, l'*Hérault*, le *Var*, qui se jettent dans la Méditerranée.

70. Après les *Alpes* et les *Pyrénées*, les principales chaînes de montagnes en France sont : le *Jura* et les *Vosges*, à l'E. et au N.-E.; vers le S., les *Cévennes*, dont une montagne se nomme la *Lozère;* au N.-O. des Cévennes, les montagnes de l'Auvergne, parmi lesquelles sont le *Cantal*, le *Mont-Dore*, le *Puy-de-Dôme;* au N.-E. de ces dernières, la *Côte-d'Or*.

71. Les îles situées sur les côtes de la France, et qui lui appartiennent, sont : dans l'Océan, les îles d'*Ouessant*, *Belle-Ile*, *Noirmoutier*, *Yeu*, *Ré* et *Oleron*.

Dans la Méditerranée, les îles de *Lérins* et les îles d'*Hyères*.

72. La France est sillonnée par un grand nombre de chemins de fer qui portent rapidement les voyageurs sur les points les plus éloignés.

On compte six grands réseaux de chemins de fer. Cinq partent de Paris et sont desservis par les Compagnies du Nord, de l'Est, de Lyon-Méditerranée, d'Orléans, de l'Ouest. Le sixième s'étend de Bordeaux à Cette et est desservi par la Compagnie du Midi.

73. Avant l'année 1790, la France était divisée en 32 grands gouvernements et en 8 petits, dont 7 étaient enclavés dans les grands. Aujourd'hui elle est divisée en 86 départements dont 82 sont formés des anciens gouvernements; ils ont pris leurs noms des rivières, montagnes, rochers, fontaines, etc., qui s'y trouvent, ou des mers qui en baignent les côtes ; un département est formé du comtat Venaissin et du comtat d'Avignon qui appartenaient au Pape avant 1791 ; les trois autres sont formés du duché de Savoie et du comté de Nice.

Chaque département est divisé en sous-préfectures ou arrondissements, les arrondissements sont divisés en cantons, et les cantons en communes.

74. Les 32 grands gouvernements peuvent être ainsi classés : 6 au Nord : la Flandre Française, cap. *Lille* ; l'Artois, cap. *Arras* ; la Picardie, cap. *Amiens* ; la Normandie, cap. *Rouen*; l'Ile-de-France, cap. *Paris*; la Champagne, cap. *Troyes*.

6 à l'Est : la Lorraine, cap. *Nancy*; l'Alsace, cap. *Strasbourg*; la Franche-Comté, cap. *Besançon*; la Bourgogne, cap. *Dijon*; le Lyonnais, cap. *Lyon*; le Dauphiné, cap. *Grenoble*.

L'Alsace et une partie de la Lorraine ont été enlevées à la France par l'Allemagne en 1871.

6 au Sud : la Provence, cap. *Aix*; le Languedoc, cap. *Toulouse*; le Roussillon, cap. *Perpignan*; le Comté de Foix, cap. *Foix*; le Béarn, cap. *Pau*; la Guyenne et la Gascogne, cap. *Bordeaux*.

6 à l'Ouest : la Saintonge et l'Angoumois, cap. *Saintes* et *Angoulême*; l'Aunis, cap. *La Rochelle*; le Poitou, cap. *Poitiers*; la Bretagne, cap. *Rennes*; l'Anjou, cap. *Angers*; le Maine, cap. *Le Mans*.

8 au milieu : l'Orléanais, cap. *Orléans*; la Touraine, cap. *Tours*; le Berry, cap. *Bourges*; le Nivernais, cap. *Nevers*; le Bourbonnais, cap. *Moulins*; la Marche, cap. *Guéret*; le Limousin, cap. *Limoges*; l'Auvergne, cap. *Clermont-Ferrand*.

75. Les 8 petits gouvernements étaient : Paris, Sedan, Toul, Metz et Verdun, Boulogne, le Havre, Saumur et l'île de Corse, cap. *Bastia*.

Ont été annexés à la France en 1860 :

La Savoie, cap. *Chambéry*; le Comté de Nice, cap. *Nice*.

76. La *FLANDRE*, pays fertile et très-bien cultivé, abonde en blé, chanvre, lin, colza, tabac, etc. On y trouve d'excellentes mines de charbon de terre, de fer, des carrières de marbre. L'industrie, fort développée, se distingue surtout dans la fabrication du fil, de la toile, de la dentelle, de la batiste et du tulle. La Flandre forme le départ. du NORD, ch.-l. LILLE, v. très-forte où l'on fabrique beaucoup de fil, de dentelles et d'huile de colza; *Douai*, place forte, possède une fonderie de canons et une école d'artillerie; *Valenciennes*, place forte, renommée pour ses fabriques de dentelles; *Cambrai*, place forte, possède de nombreuses fabriques de linon et de batiste; *Dunkerque*, v. forte, se livre à la pêche de la morue et du hareng, patrie de Jean Bart; Roubaix, v. industrielle, a de très-importantes filatures et fabriques d'étoffes de laine et de coton.

L'*ARTOIS*, fertile en blé, chanvre, lin, houblon et plantes oléagineuses, fabrique du sucre de betteraves, des toiles, des dentelles, et nourrit beaucoup de bestiaux. C'est dans cette province que l'on a d'abord creusé les fontaines appelées *Puits artésiens*. L'Artois forme le dép. du PAS-DE-CALAIS, ch.-l. ARRAS, v. forte et industrieuse, sur la Scarpe; *Calais*, où l'on s'embarque le plus ordinairement pour aller en Angleterre; *Boulogne-sur-Mer* a aussi des services journaliers de transport pour la côte anglaise.

La *PICARDIE* produit du blé, du lin, des plantes oléagineuses, fournit beaucoup de tourbe; elle forme le département de la SOMME, ch.-l. AMIENS, qui a des fabriques de velours de coton, d'étoffes de laine et de toiles; *Abbeville*, fabrique de bons draps.

La *NORMANDIE* tire son nom des *Northmans*, qui s'y sont établis. C'est la plus riche province de France. Elle produit beaucoup de blé, de fruits, et surtout de pommes dont on fait du cidre. Les chevaux de Normandie sont très-estimés. Cette province forme cinq départements. Le dép. de la SEINE-INFÉRIEURE, ch.-l. ROUEN, remarquable par ses filatures, ses raffineries de sucre, ses teintureries et ses étoffes légères connues sous le nom de *rouenneries;* patrie de Corneille. *Le Havre* fait un commerce considérable avec l'Amérique et avec Paris; *Dieppe* a des bains de mer, fait un grand commerce de poissons, et fabrique des ouvrages d'ivoire; *Elbeuf* a des manufactures de draps; *Yvetot*, *Bolbec*, v. manufacturières. Le dép. de l'EURE, ch.-l. ÉVREUX; *Louviers*, v. renommée pour ses draps fins. Le dép. du CALVADOS, ch.-l. CAEN, l'une des belles villes de France, qui a des fabriques de dentelles et de bonneterie; *Falaise*, v. renommée par ses teintures, sa bonneterie, et par la foire qui se tient à Guibray, l'un de ses faubourgs; *Bayeux*, fabrique des dentelles; *Vire* a des manufactures de draps et de papiers; *Lisieux* a d'importantes fabriques de toiles cretonnes; *Honfleur* fait la pêche de la morue. Le dép. de la MANCHE, ch.-l. ST-LO, où se trouvent des fabriques de draps et de coutil; *Cherbourg*, v. forte et commerçante; *Granville* fait le commerce des huîtres de Cancale. Le dép. de l'ORNE, ch.-l. ALENÇON, ville près de laquelle on trouve des pierres brillantes appelées diamants d'Alençon; *Laigle*, connue par ses fabriques d'épingles et d'aiguilles.

L'*ILE-DE-FRANCE* a reçu son nom de sa position entre plusieurs rivières qui en forment pour ainsi dire une île. Elle produit en abondance du blé, des légumes et des fruits. On y trouve beaucoup de pierres à bâtir et de plâtre. L'Ile-de-France forme cinq dép. Le dép. de la SEINE, ch.-l. PARIS, sur la Seine, cap. de la France, et la seconde ville de l'Europe par sa richesse et par sa population, qui s'élève à 1,988,806 habitants. Paris, séjour des savants

(Paris. — Vue de la Seine.)

et des artistes les plus distingués, renferme plusieurs monuments magnifiques, entre autres le Louvre, le Panthéon, les églises de Notre-Dame, de Saint-Sulpice, la Madeleine, les Invalides, le Luxembourg, le Palais-Royal, la Bourse, l'Opéra, etc. Cette ville contient un grand nombre d'établissements littéraires et d'instruction publique, de grands musées, de tableaux et de statues, plusieurs manufactures, dont la plus remarquable est celle des Gobelins, où l'on fait des tapisseries qui imitent les plus beaux tableaux. La Bibliothèque nationale, le Jardin des Plantes et le Cabinet d'histoire naturelle sont les plus riches du monde. Le dép. de SEINE-ET-OISE, ch.-l. VERSAILLES, grande et belle ville, remarquable par le magnifique château que Louis XIV y a fait bâtir; *St-Germain; Sèvres*, connu par sa manufacture de porcelaine. Le dép. de SEINE-ET-MARNE, ch.-l. MELUN; *Meaux*, dont Bossuet fut évêque. Le dép. de l'OISE, ch.-l. BEAUVAIS, qui a des fabriques de tapisseries, de tapis et de toiles; *Compiègne*, où Jeanne d'Arc fut prise par les Anglais; *Senlis* a des fabriques de toiles. Le dép. de l'AISNE, ch.-l. LAON; *St-Quentin*, connu par ses filatures; *Château-Thierry*, patrie de La Fontaine; *Soissons; la Ferté-Milon*, patrie de Racine.

La *CHAMPAGNE* produit des vins renommés et forme quatre départements. Le dép. de l'AUBE, ch.-l. TROYES, qui fait un grand commerce de craie, de bonneterie et de charcuterie. Le dép. de la HAUTE-MARNE, ch.-l. CHAUMONT; *Langres*, v. renommée pour sa coutellerie; *St-Dizier, Bourbonne-les-Bains*. Le départ. de la MARNE, ch.-l. CHALONS-SUR-MARNE, où est établie une école des Arts et Métiers; *Reims*, où se faisait le sacre des rois de France; *Epernay, Aï*, produisent d'excellents vins. Le dép. des ARDENNES, ch.-l. MÉZIÈRES, place forte; *Sedan*, patrie de Turenne.

77. La *LORRAINE* contient des mines considérables de sel gemme; avant l'année 1871, elle formait quatre départements. Le départem. de la MEURTHE, ch.-l. NANCY, une des plus belles villes de France; *Lunéville* a des manufactures de porcelaine et de faïence. Le dép. de la MOSELLE, ch.-l. METZ, v. très-forte et commerçante. Le départem. de la MEUSE, ch.-l. BAR-LE-DUC, sur l'Ornain, v. renommée pour ses confitures de groseilles et ses vins. Le dép. des VOSGES, ch.-l. ÉPINAL, connu par ses papeteries et ses faïenceries; *Plombières* a des eaux thermales et minérales. Aujourd'hui presque tout le département de la *Moselle* et une partie des départements de la *Meurthe* et des *Vosges* sont au pouvoir de la Prusse. Ce qui reste du dép. de la Moselle a été réuni au dép. de la Meurthe, qui porte le nom du département de MEURTHE-et-MOSELLE.

L'*ALSACE*, province fertile et très-bien cultivée, formait deux départements : le dép. du BAS-RHIN, ch.-l. STRASBOURG, v. très-forte, où l'imprimerie fut inventée par Jean Guttemberg, vers 1436; sa cathédrale est admirable. *Haguenau* cultive le houblon; *Schelestadt*, où fut inventé l'art de vernisser les vases de terre ; *Bischwiller*, v. manufacturière. Le dép. du HAUT-RHIN, ch.-l. COLMAR; *Mulhouse*, v. très-manufacturière, et qui par son industrie s'est beaucoup agrandie. *Belfort*, place forte. En 1871, toute l'Alsace, à l'exception d'une partie de l'arrondissement de Belfort, a été enlevée à la France par la Prusse.

La *FRANCHE-COMTÉ*, province en partie plate, en partie montagneuse, renferme des mines de fer et de riches salines; elle forme trois départements. Le dép. du DOUBS, ch.-l. BESANÇON, ville forte qui possède des fabriques d'horlogerie et de bonneterie. Dans les environs de *Pontarlier*, on fait des fromages qui sont vendus pour des fromages de Gruyère. Le dép. de la HAUTE-SAONE, ch.-l. VESOUL. Le dép. du JURA, ch.-l. LONS-LE-SAULNIER ; *Dôle* a des carrières de marbre rouge; *Salins*, détruit en 1825 par un incendie, a de riches salines; *Arbois*, connu par ses vins blancs.

La *BOURGOGNE* contient des mines de fer, des carrières de marbre et de pierres pour la lithographie ; les vins de Bourgogne sont très-estimés. Cette province forme quatre départements. Le dép. de la COTE-D'OR, ch.-l. DIJON, qui fait un grand commerce de vins, de vinaigre et de moutarde. *Beaune*, *Nuits*, connus par leurs vins. Le dép. de l'YONNE, ch.-l. AUXERRE; *Tonnerre*, *Chablis*, récoltent de bons vins blancs. Le dép. de SAONE-et-LOIRE, ch.-l. MACON, qui fournit beaucoup de vin ; *Autun*, où se trouvent plusieurs monuments antiques; le *Creuzot* possède une fonderie considérable, etc. Le dép. de l'AIN, ch.-l. BOURG; *Nantua*, *Trévoux*.

Le *LYONNAIS* a des fabriques de papier, de chapeaux, d'ouvrages en fer et en acier, et surtout d'étoffes de soie. Cette province industrieuse possède des mines de fer, de cuivre et de houille. Elle forme deux départements. Le départem. du RHONE, ch.-l. LYON, au confluent du Rhône et de la Saône ; c'est une des plus populeuses villes de France. Une partie de la population est employée à fabriquer de belles étoffes de soie. Le dép. de la LOIRE, ch.-l. SAINT-ETIENNE, ville très-industrieuse, qui possède une manufacture d'armes, des fabriques de rubans de soie, de coutellerie, etc.; *Montbrison*, ancien chef-lieu: *Roanne*, v. très-commerçante.

Le *DAUPHINÉ*, généralement montagneux, produit des vins estimés. On y trouve des mines de plomb, de fer, des carrières de marbre et d'albâtre. Le Dauphiné forme trois départements. Le dép. de l'ISÈRE, ch.-l. GRENOBLE, v. forte, qui fabrique des armes blanches, des gants et des liqueurs. *Vienne*, ville ancienne, a des fabriques de papier vélin, de draps, d'acier. Le dép. de la DROME, ch.-l. Valence. Le dép. des HAUTES-ALPES, ch.-l. Gap.

78. La *PROVENCE*, où l'on trouve du marbre et de l'albâtre, produit des oliviers, des orangers, des vins, des fruits excellents, etc., et forme trois départements. Le dép. des BOUCHES-du-RHONE, ch.-l. Marseille, centre du commerce de la France avec le Levant. Cette ville a des fabriques de savon, des raffineries de sucre, une manufacture de tabac; son lazaret est très-beau. *Aix* a des eaux thermales et fournit l'huile d'olive la plus estimée; *Arles*, sur le Rhône. Le dép. des BASSES-ALPES, ch.-l. Digne. Le dép. du VAR, ch.-l. Draguignan.

Le *LANGUEDOC*, province montagneuse, mais bien cultivée, est riche en vins, huile, miel, soie, fruits, et forme huit départements. Le dép. de la HAUTE-GARONNE, ch.-l. Toulouse, qui a une manufacture de tabac, des fabriques de soieries, etc. Le dép. du TARN, ch.-l. Alby. Le dép. de l'AUDE, ch.-l. Carcassonne, qui fabrique des draps. Le dép. de l'HÉRAULT, ch.-l. Montpellier, célèbre par son école de médecine; *Pézenas*; *Cette*, le port le plus important du Languedoc; *Lunel* et *Frontignan*, célèbres par leurs vins muscats. Le dép. du GARD, ch.-l. Nimes, où l'on voit de beaux monuments romains. Le dép. de la LOZÈRE, ch.-l. Mende. Le dép. de la HAUTE-LOIRE, ch.-l. Le Puy, qui tire son nom de sa position sur une petite montagne; cette ville fabrique des dentelles, des blondes et des grelots pour les chevaux. Le dép. de l'ARDÈCHE, ch.-l. Privas; *Annonay* a des papeteries renommées.

Le *ROUSSILLON* possède des mines de fer, de houille, des carrières de marbre, des eaux minérales; il produit beaucoup de mûriers, de chênes à liége et de vins estimés. Cette province forme le dép. des PYRÉNÉES-ORIENTALES, ch.-l. Perpignan, ville forte qui fait un grand commerce de vins.

Le *COMTÉ DE FOIX* forme le dép. de l'ARIÉGE, ch.-l. Foix, qui a une belle fabrique d'acier.

Le *BÉARN*, riche en bois, en minéraux et en métaux, forme le dép. des BASSES-PYRÉNÉES, ch.-l. Pau, patrie de Henri IV. Le chocolat et les jambons de *Bayonne* sont estimés. Cette ville a donné son nom aux baïonnettes.

La *GUYENNE* et la *GASCOGNE* forment neuf départements. Le dép. de la GIRONDE, ch.-l. Bordeaux, sur la Garonne, l'une des plus grandes et des plus belles villes de France, qui fait un grand commerce de vins, d'eaux-de-vie et de denrées coloniales. Le dép. de la DORDOGNE, ch.-l. Périgueux, v. renommée pour les truffes. Le dép. de LOT-et-GARONNE, ch.-l. Agen, qui a une fabrique de toiles à voiles. Le dép. du LOT, ch.-l. Cahors, qui a des manufactures de draps. Le dép. de l'AVEYRON, ch.-l. Rodez. Le dép. de TARN-et-GARONNE, ch.-l. Montauban. Le dép. des LANDES, ch.-l. Mont-de-Marsan. Le dép. du GERS, ch.-l. Auch. Le dép. des HAUTES-PYRÉNÉES, ch.-l. Tarbes, jolie ville sur l'Adour; *Bagnères-de-Bigorre* et *Baréges* sont renommées par leurs eaux minérales.

TABLEAU

DES DÉPARTEMENTS DE LA FRANCE, COMPARÉS AUX ANCIENS GOUVERNEMENTS, AVEC LES CHEFS-LIEUX ET LES SOUS-PRÉFECTURES.

ANCIENS GOUVERNEMENTS.	DÉPARTEMENTS.	CHEFS-LIEUX ET SOUS-PRÉFECTURES.
FLANDRE.	NORD.	LILLE, Dunkerque, Hazebrouck, Cambrai, Douai, Avesnes, Valenciennes.
ARTOIS.	PAS-DE-CALAIS.	ARRAS, Boulogne, Montreuil, Saint-Pol, Béthune, Saint-Omer.
PICARDIE.	SOMME.	AMIENS, Montdidier, Péronne, Doullens, Abbeville.
NORMANDIE.	SEINE-INFÉRIEURE.	ROUEN, Dieppe, Le Havre, Yvetot, Neufchâtel.
	EURE.	ÉVREUX, Pont-Audemer, Bernay, Les Andelys, Louviers.
	CALVADOS.	CAEN, Bayeux, Vire, Falaise, Lisieux, Pont-l'Évêque.
	MANCHE.	SAINT-LÔ, Cherbourg, Valognes, Coutances, Avranches, Mortain.
	ORNE.	ALENÇON, Domfront, Mortagne, Argentan.
LE-DE-FRANCE.	SEINE.	PARIS, St-Denis, Sceaux.
	SEINE-ET-OISE.	VERSAILLES, Pontoise, Mantes, Rambouillet, Etampes, Corbeil.
	SEINE-ET-MARNE.	MELUN, Meaux, Fontainebleau, Provins, Coulommiers.
	OISE.	BEAUVAIS, Clermont, Senlis, Compiègne.
	AISNE.	LAON, St-Quentin, Soissons, Château-Thierry, Vervins.
CHAMPAGNE.	AUBE.	TROYES, Nogent-sur-Seine, Bar-sur-Seine, Bar-sur-Aube, Arcis-sur-Aube.
	HAUTE-MARNE.	CHAUMONT, Vassy, Langres.
	MARNE.	CHALONS-SUR-MARNE, Reims, Epernay, Vitry-le-François, Ste-Menehould.
	ARDENNES.	MÉZIÈRES, Rocroy, Rethel, Vouziers, Sedan.
LORRAINE.	MEURTHE-ET-MOSELLE.	NANCY, Toul, Lunéville, Briey.
	MEUSE.	BAR-LE-DUC, Montmédy, Verdun, Commercy.
	VOSGES.	ÉPINAL, Neufchâteau, Mirecourt, Remiremont, St.-Dié.
ALSACE.	BAS-RHIN.	
	HAUT-RHIN.	BELFORT.
FRANCHE-COMTÉ.	DOUBS.	BESANÇON, Montbéliard, Baume, Pontarlier.
	HAUTE-SAONE.	VESOUL, Gray, Lure.
	JURA.	LONS-LE-SAULNIER, Dôle, Poligny, Saint-Claude.
BOURGOGNE.	COTE-D'OR.	DIJON, Châtillon-sur-Seine, Semur, Beaune.
	YONNE.	AUXERRE, Sens, Joigny, Avallon, Tonnerre.
	SAONE-ET-LOIRE.	MACON, Autun, Charolles, Louhans, Chalon-sur-Saône.
	AIN.	BOURG, Trévoux, Belley, Nantua, Gex.
LYONNAIS.	RHONE.	LYON, Villefranche.
	LOIRE.	ST-ETIENNE, Montbrison, Roanne.
DAUPHINÉ.	ISÈRE.	GRENOBLE, Vienne, St-Marcellin, La Tour-du-Pin.
	DROME.	VALENCE, Montélimart, Nyons, Die.
	HAUTES-ALPES.	GAP, Briançon, Embrun.

ANCIENS GOUVERNEMENTS.	DÉPARTEMENTS.	CHEFS-LIEUX ET SOUS-PRÉFECTURES.
	BOUCHES-DU-RHONE.	MARSEILLE, Arles, Aix.
PROVENCE.	BASSES-ALPES.	DIGNE, Sisteron, Forcalquier, Castellane, Barcelonnette.
	VAR.	DRAGUIGNAN, Brignoles, Toulon.
	HAUTE-GARONNE.	TOULOUSE, Muret, Saint-Gaudens, Villefranche.
	TARN.	ALBY, Gaillac, Lavaur, Castres.
	AUDE.	CARCASSONNE, Castelnaudary, Limoux, Narbonne.
LANGUEDOC.	HÉRAULT.	MONTPELLIER, Lodève, St-Pons, Béziers.
	GARD.	NÎMES, Le Vigan, Uzès, Alais.
	LOZÈRE.	MENDE, Marvejols, Florac.
	HAUTE-LOIRE.	LE PUY, Brioude, Yssingeaux.
	ARDÈCHE.	PRIVAS, Largentière, Tournon.
ROUSSILLON.	PYRÉNÉES-ORIENTALES.	PERPIGNAN, Prades, Céret.
COMTÉ DE FOIX.	ARIÉGE.	FOIX, Saint-Girons, Pamiers.
BÉARN.	BASSES-PYRÉNÉES.	PAU, Bayonne, Mauléon, Oloron, Orthez.
	GIRONDE.	BORDEAUX, Lesparre, Blaye, Libourne, La Réole, Bazas.
	DORDOGNE.	PÉRIGUEUX, Nontron, Ribérac, Bergerac, Sarlat.
GUYENNE ET *GASCOGNE.*	LOT-ET-GARONNE.	AGEN, Marmande, Nérac, Villeneuve-sur-Lot.
	LOT.	CAHORS, Gourdon, Figeac.
	AVEYRON.	RODEZ, Villefranche, St-Affrique, Milhau, Espalion.
	TARN-ET-GARONNE.	MONTAUBAN, Moissac, Castel-Sarrazin.

ANCIENS GOUVERNEMENTS.	DÉPARTEMENTS.	CHEFS-LIEUX ET SOUS-PRÉFECTURES.
	LANDES.	MONT-DE-MARSAN, Dax, Saint-Sever.
SUITE DE *GUYENNE* ET *GASCOGNE.*	GERS.	AUCH, Condom, Mirande, Lombez, Lectoure.
	HAUTES-PYRÉNÉES.	TARBES, Argelès, Bagnères-de-Bigorre.
ANGOUMOIS.	CHARENTE.	ANGOULÊME, Ruffec, Cognac, Barbezieux, Confolens.
AUNIS ET *SAINTONGE.*	CHARENTE-INFÉRIEURE.	LA ROCHELLE, Rochefort, Marennes, Jonzac, Saintes, Saint-Jean-d'Angely.
	VIENNE.	POITIERS, Loudun, Civray, Montmorillon, Châtellerault.
POITOU.	DEUX-SÈVRES.	NIORT, Bressuire, Parthenay, Melle.
	VENDÉE.	LA ROCHE-SUR-YON, Les Sables-d'Olonne, Fontenay-le-Comte.
	ILLE-ET-VILAINE.	RENNES, St-Malo, Montfort, Redon, Vitré, Fougères.
	COTES-DU-NORD.	SAINT-BRIEUC, Lannion, Guingamp, Loudéac, Dinan.
BRETAGNE.	FINISTÈRE.	QUIMPER, Brest, Châteaulin, Quimperlé, Morlaix.
	MORBIHAN.	VANNES, Lorient, Ploërmel, Pontivy.
	LOIRE-INFÉRIEURE.	NANTES, Saint-Nazaire, Paimbœuf, Ancenis, Châteaubriant.
ANJOU.	MAINE-ET-LOIRE.	ANGERS, Segré, Cholet, Saumur, Baugé.
MAINE.	SARTHE.	LE MANS, Mamers, La Flèche, Saint-Calais.
	MAYENNE.	LAVAL, Mayenne, Château-Gontier.
ORLÉANAIS.	LOIRET.	ORLÉANS, Pithiviers, Gien, Montargis.

ANCIENS GOUVERNEMENTS.	DÉPARTEMENTS.	CHEFS-LIEUX ET SOUS-PRÉFECTURES.
SUITE DE *L'ORLÉANAIS.*	EURE-ET-LOIR.	CHARTRES, Dreux, Nogent-le-Rotrou, Châteaudun.
	LOIR-ET-CHER.	BLOIS, Vendôme, Romorantin.
TOURAINE.	INDRE-ET-LOIRE.	TOURS, Chinon, Loches.
BERRY.	CHER.	BOURGES, Sancerre, St-Amand.
	INDRE.	CHATEAUROUX, Le Blanc, La Châtre, Issoudun.
NIVERNAIS.	NIÈVRE.	NEVERS, Cosne, Clamecy, Château-Chinon.
BOURBONNAIS.	ALLIER.	MOULINS, Montluçon, Gannat, La Palisse.
MARCHE.	CREUSE.	GUÉRET, Bourganeuf, Aubusson, Boussac.
LIMOUSIN.	HAUTE-VIENNE.	LIMOGES, Bellac, Rochechouart, Saint-Yrieix.
	CORRÈZE.	TULLE, Brives, Ussel.
AUVERGNE.	PUY-DE-DOME.	CLERMONT-FERRAND, Riom, Issoire, Ambert, Thiers.
	CANTAL.	AURILLAC, Mauriac, Murat, Saint-Flour.
COMTAT VENAISSIN.	VAUCLUSE.	AVIGNON, Orange, Carpentras, Apt.
CORSE.	CORSE.	AJACCIO, Calvi, Sartène, Corte, Bastia.
SAVOIE.	SAVOIE.	CHAMBÉRY, Saint-Jean-de-Maurienne, Moutiers, Albertville.
	HAUTE-SAVOIE.	ANNECY, Bonneville, Thonon, Saint-Julien.
COMTÉ DE NICE.	ALPES-MARITIMES.	NICE, Puget-Théniers, Grasse.

SUISSE

OU CONFÉDÉRATION HELVÉTIQUE

82. La Suisse, située entre la France, l'Italie et l'Allemagne, se compose de 22 cantons.

On parle français dans les cantons voisins de la France, italien au S. des Alpes, et allemand dans tout le reste de la Suisse.

La partie méridionale de la Suisse est couverte par les Alpes. On y trouve le Saint-Gothard, où l'on voit le fameux pont du Diable, et le Grand-Saint-Bernard, où est un hospice, l'habitation la plus élevée de l'Europe. Les cimes des Alpes sont couvertes de neiges éternelles et d'immenses glaciers, d'où quelquefois se précipitent avec fracas des avalanches ou masses de neiges. Ces glaciers donnent naissance à beaucoup de ruisseaux et à plusieurs fleuves. Les eaux forment en beaucoup d'endroits des cascades élevées et magnifiques. Les troupeaux font la principale richesse de la Suisse.

La ville de BERNE est le siége du Gouvernement.

(Berne. — Vue de la cathédrale et des Alpes.)

Villes principales : *Genève, Bâle, Zurich, Neuchâtel, Lausanne.*

BELGIQUE.

83. La Belgique, située entre la France, la mer du Nord, la Hollande et l'Allemagne, se divise en 9 provinces. BRUXELLES est la capitale du royaume.

(Bruxelles. — Vue du palais du Roi.)

Les villes principales sont : *Bruges, Gand, Anvers, Malines, Mons, Louvain, Namur, Liége.*

HOLLANDE.

84. La Hollande est située entre la Belgique, la mer du Nord et l'Allemagne.

En plusieurs endroits les terres sont plus basses que le niveau de la mer ; le pays est défendu contre les inondations par des digues immenses, et coupé par une multitude de canaux qui facilitent l'écoulement des eaux, et qui établissent une communication entre les différentes villes.

La Hollande se divise en 12 provinces, dont les v. pr. sont : AMSTERDAM, sur le Zuyderzée, la

(Amsterdam. — Vue d'un canal.)

plus grande de tout le royaume, dont elle est regardée comme la capitale ; *La Haye*, résidence du souverain, et siége du gouvernement ; *Leyde, Utrecht, Rotterdam, Harlem, Maëstricht* et *Luxembourg.*

ALLEMAGNE.

85. Actuellement, l'Allemagne forme deux grandes divisions : la CONFÉDÉRATION DE L'ALLEMAGNE DU NORD, qui s'étend au Midi jusqu'au Mein, et les ÉTATS DE L'ALLEMAGNE DU SUD. En 1871, le Roi de Prusse a été déclaré *Empereur d'Allemagne.*

On compte en Allemagne un grand nombre d'universités célèbres ; l'instruction y est fort répandue.

L'Allemagne est arrosée par le *Niémen*, la *Vistule*, l'*Oder*, l'*Elbe* qui reçoit la *Saale* et la

Sprée, par le *Wéser* et le *Rhin* qui reçoit le *Necker*, le *Mein* et la *Moselle*.

La puissance prépondérante dans la Confédération de l'Allemagne du Nord et dans toute l'Allemagne est la Prusse, qui s'étend depuis les frontières de la Russie jusqu'à celles de la France, de la Belgique et de la Hollande.

86. Dans la Prusse, il faut distinguer :

1° Les anciennes provinces qui seules, avant 1866, formaient le royaume de Prusse ;

2° Les 7 États qui faisaient partie de la Confédération germanique, conquis en 1866 ;

3° Les territoires détachés de la France en 1871.

Les 8 anciennes provinces sont : la Prusse, cap. *Kœnigsberg;* le grand duché de Posen, cap. *Posen;* le Brandebourg, cap. BERLIN, sur la Sprée, qui est aussi la capitale de tout le royaume et la résidence du roi ;

(Berlin. — Vue de la Sprée.)

La Poméranie, cap. *Stettein;* la province de Saxe, cap. *Magdebourg;* la Silésie, cap. *Breslau;* la Westphalie, cap. *Munster;* la province Rhénane, cap. *Coblentz*. Cette dernière province est formée du duché de Clèves et Berg, et du grand-duché du Bas-Rhin. Il faut ajouter le pays de Hohenzollern, au sud du royaume de Wurtemberg.

Les 7 nouveaux territoires sont : les trois duchés de l'Elbe, c'est-à-dire les duchés de Sleswig, cap. *Sleswig;* de Holstein, cap. *Kiel;* de Lauenbourg, avec une ville de même nom ; le royaume de Hanovre, cap. *Hanovre;* la Hesse électorale, cap. *Cassel;* le duché de Nassau, cap. *Wiesbaden;* la ville libre de *Francfort;* le landgraviat de Hesse-Hombourg, cap. *Hombourg*. La Franconie prussienne, territoire cédé par la Bavière, où se trouvent les petites villes de *Tann* et d'*Orb*.

Les territoires enlevés à la France et annexés à la Prusse sont : presque toute l'Alsace, située sur la rive gauche du Rhin, ville principale *Strasbourg ;* et une grande partie de la Lorraine, ville pr. *Metz*.

Outre tous ces pays, qui composent actuellement le royaume de Prusse, cette puissance a étendu sa suprématie sur 20 autres, avec lesquels elle forme la Confédération de l'Allemagne du Nord.

Les États de l'Allemagne du Sud, moins directement sous la suprématie de la Prusse, mais sur lesquels elle exerce une grande influence, sont : le royaume de Bavière, cap. *Munich*, sur l'Isar ; le grand-duché de Hesse, cap. *Darmstadt;* v. pr. *Mayence*, place très-forte ; le royaume de Wurtemberg, cap. *Stuttgart*, sur le Necker ; le grand-duché de Bade. cap. *Carlsruhe;* v. p.

Heidelberg, qui a une université célèbre; la principauté de Lichtenstein.

EMPIRE D'AUTRICHE

OU EMPIRE AUSTRO-HONGROIS

87. Les États autrichiens sont bornés par la Suisse, l'Allemagne, la Prusse, la Russie, la Turquie d'Europe, la Mer Adriatique et le royaume d'Italie.

L'Autriche est arrosée par le *Danube*, qui reçoit le *Lech*, l'*Isar*, l'*Inn*, la *Drave* et la *Save* à droite, et la *Theiss* à gauche.

L'empire d'Autriche est une agglomération de peuples divers.

VIENNE est en même temps la capitale de

(Vienne. — Vue du Prater.)

toute la monarchie autrichienne et la résidence du souverain.

Villes principales : *Bude, Cracovie, Trieste, Inspruck, Prague.*

§ 3. *Région du Sud.*

PORTUGAL.

88. Le Portugal, situé dans la partie occidentale de la Péninsule espagnole, est borné par l'Espagne et l'Océan Atlantique.

LISBONNE, à l'embouchure du Tage; son port

(Lisbonne. — Vue du Tage.)

est excellent et vaste; c'est la capitale de tout le royaume et la résidence du souverain.

Villes principales : *Porto, Bragance.*

Le Portugal est un pays montagneux, fertile, mais peu cultivé. Il produit des oranges, des citrons, et surtout des vins fort estimés, dont il se fait un grand commerce à Porto.

ESPAGNE.

89. L'Espagne, bornée par la Méditerranée, le Portugal, l'Océan et la France, est arrosée par le Minho, le Douro, le Tage et la Guadiana, qui traversent aussi le Portugal, et par le Guadalquivir et l'Èbre.

C'est un pays très-montagneux, généralement fertile, mais très-mal cultivé. L'industrie des Espagnols est peu développée ; leur commerce consiste principalement dans leurs excellents vins. L'Andalousie nourrit des chevaux renommés. Des moutons d'Espagne, appelés mérinos, donnent une laine très-fine, avec laquelle on fait de beaux tissus.

Madrid, sur le Mançanarez, petit ruisseau qui

(Madrid. — Vue de la Puerta del Sol.)

se jette dans le Tage, est la capitale de tout le royaume.

Villes principales : *Séville*, *Cordoue*, *Grenade*, *Cadix*, *Tolède*, *Pampelune*, *Saragosse*, *Barcelone*, *Valladolid*, *Valence*.

ITALIE.

90. On désigne sous le nom d'Italie une grande presqu'île à laquelle se rattachent plusieurs îles, dont les plus considérables sont : la Sardaigne et la Sicile. L'Italie, bornée par les Alpes, la Méditerranée et la Mer Adriatique, est un pays fertile, situé sous un ciel pur : elle excite toujours la curiosité et l'intérêt par les chefs-d'œuvre de peinture, de sculpture et d'architecture qu'on y rencontre à chaque pas.

L'Italie est arrosée par l'*Arno*, le *Tibre* et le *Volturno*, qui se jettent dans la Méditerranée ; par le *Pô*, qui se jette dans l'Adriatique après avoir reçu le *Tessin*, qui traverse le lac Majeur ; l'*Adda*, qui traverse le lac de Côme ; le *Mincio*, qui traverse le lac de Garde, et le *Tanaro* ; et par l'*Adige*, qui se décharge près de l'embouchure du Pô.

Le royaume d'Italie, capitale Rome, sur le

(Rome. — Vue du Tibre.)

Tibre, résidence du Pape. C'est une des villes les plus remarquables du monde, par le grand nombre et la magnificence de ses monuments anciens et modernes ; l'église de Saint-Pierre est la plus belle de l'univers.

Villes principales : *Naples, Turin, Gênes, Milan, Venise, Ancône, Florence, Messine, Palerme.*

TURQUIE D'EUROPE.

91. La Turquie d'Europe, ou Empire ottoman, est bornée par la Russie, l'Autriche, la mer Adriatique, la Mer Ionienne, la Grèce, l'Archipel, la Mer de Marmara et la Mer Noire.

Les Turcs se distinguent de tous les autres peuples de l'Europe par leur costume, leurs mœurs et leur religion ; l'industrie est peu avancée chez eux.

La capitale de tout l'Empire ottoman est CONSTANTINOPLE, appelée par les Turcs *Stamboul*, sur le détroit qui joint la Mer de Marmara à la Mer Noire. Son port est sûr et très-vaste.

(Constantinople. — Vue de Sainte-Sophie.)

GRÈCE.

92. La Grèce est bornée par la Turquie, la Mer Ionienne, la Méditerranée et l'Archipel.

ATHÈNES est la capitale du royaume.

(Athènes. — Vue de l'Acropole.)

Villes principales : *Lépante, Missolonghi, Patras, Corinthe, Argos, Tripolitza, Navarin.*

SECTION III

ASIE

93. L'Asie est bornée par l'Océan Glacial Arctique, la Russie d'Europe, la Mer Caspienne, le Caucase, la Mer Noire, la Mer de Marmara, l'Archipel, la Méditerranée, l'Isthme de Suez

ASIE

qui la joint à l'Afrique; la Mer Rouge, l'Océan Indien et le Grand Océan. C'est la plus grande partie du monde après l'Amérique.

OCÉAN ATLANTIQUE
OCÉAN GLACIAL ARCTIQUE
C. Septentrional
Arch. de la Nle Sibérie
Ile Zemble
Mer de Kara
Cercle
Polaire
Samoyèdes
Iakoutes
Arctique
Mer de Behring
Dt de Behring
Mer d'Okhotsk
EUROPE
Tobolsk
Omsk
Tomsk
Toungouses
Kirghiz
MONGOLIE
Mer Caspienne
Perse
Téhéran
Ispahan
Arabie
Gfe d'Oman
Lahore
THIBET
Himalaya
Mer du Japon
Péking
Mer Jaune
Nankin
Mer Bleue
Canton
I. Formose
Haï Nan
Iles Philippines
Luçon
Golfe du Bengale
Bombay
Madras
Pondichéry
I. Andaman
C. Comorin
I. Ceylan
G. de Siam
MER DE CHINE
Palawan
Mindanao
Bornéo
Célèbes
MER DES INDES
GRAND OCÉAN

94. Sur les côtes de l'Asie, le Grand Océan est appelé Mer de *Behring*, au N., vers la partie de l'Asie la plus voisine de l'Amérique; Mer d'*Okhotsk*, entre la Sibérie et le Kamtschatka; Mer du *Japon*, entre la Mandchourie, partie septentrionale de l'Empire chinois et les îles du Japon; Mer de *Corée*, au N. de la presqu'île de Corée; Mer *Jaune*, entre la Chine et la Corée; Mer *Bleue*, au S. de la précédente; Mer de *Chine*, au S. de la Chine et à l'E. de l'Indo-Chine. La Mer des Indes se nomme golfe d'*Oman* entre l'Arabie, le Béloutchistan et l'Indoustan.

95. Les mers intérieures et les principaux golfes de l'Asie sont : le golfe *Arabique* ou Mer *Rouge*, à l'O. de l'Arabie, et le golfe *Persique*, entre l'Arabie et la Perse, formés tous deux par le golfe d'Oman; le golfe du *Bengale*, entre les deux presqu'îles de l'Inde; les golfes de *Siam* et de *Tonkin*, formés par la Mer de Chine sur les côtes de l'Indo-Chine; le golfe d'*Anadyr*, formé par la Mer de Behring, au N.-E. de la Sibérie : les golfes de l'*Ob* et de *Kara*, au N.-E. de la Sibérie, formés par l'Océan Glacial Arctique, près de la Nouvelle-Zemble.

96. Parmi les îles qui appartiennent à l'Asie, on doit remarquer : dans la Méditerranée, l'île de *Chypre*; dans l'Océan Indien, les *Maldives*, l'île *Ceylan*; dans le golfe du Bengale, les îles d'*Andaman* et de *Nicobar*; dans la Mer de Chine, les îles *Haïnan* et *Formose*; dans le Grand Océan, les îles du *Japon*; l'île *Tarrakaï* près de la Mandchourie, entre les mers du Japon et d'Okhotsk; les *Kouriles*, au N. des îles du Japon; les îles *Aléoutiennes*, au S. de la Mer de Behring; dans l'Océan Glacial Arctique, la *nouvelle Sibérie*.

97. On remarque huit presqu'îles en Asie, quatre grandes et quatre petites. Les quatre grandes sont : l'*Asie Mineure* ou l'*Anatolie*, partie de la Turquie d'Asie, bornée par la Mer Noire, l'Archipel et la Méditerranée; l'*Arabie*, bornée par la Mer Rouge, le golfe d'Oman et le golfe Persique; l'*Indoustan*, appelé aussi *Presqu'île en deçà du Gange*, ou Presqu'île occidentale de l'Inde, entre le golfe d'Oman et le golfe du Bengale; l'*Indo-Chine*, appelée aussi *Presqu'île au delà du Gange*, ou Presqu'île orientale de l'Inde, entre le golfe du Bengale et la Mer de Chine.

Les quatre petites presqu'îles sont : la presqu'île de *Guzarate*, dans le golfe d'Oman, au N.-O. de l'Indoustan; la presqu'île de *Malacca*, baignée par le golfe de Siam et la Mer des Indes, et réunie à la presqu'île au delà du Gange par l'isthme de Kraw; la presqu'île de *Corée*, à l'E. de la Chine, entre la Mer Bleue et la Mer du Japon; le *Kamtschatka* à l'E. de la Sibérie, entre la Mer d'Okhotsk et la Mer de Behring.

98. Les principaux détroits de l'Asie sont : le détroit de *Bab-el-Mandeb*, qui forme l'entrée de la Mer Rouge; le détroit d'*Ormuz*, par lequel le golfe Persique communique avec le golfe d'Oman; le détroit de *Palk*, entre l'Indoustan et l'île de Ceylan; le détroit de *Malacca*, au S. de la presqu'île du même nom; le détroit de *Corée*, entre la Corée et les îles du Japon; la *Manche de Tarrakaï*, entre l'île de *Tarrakaï* et la Mandchourie; le détroit de *Behring*, qui sépare l'Asie de l'Amérique.

99. Les caps les plus remarquables de l'Asie sont : le cap *Rasalgat*, au S.-E. de l'Arabie; le cap *Comorin*, au S. de l'Indoustan; le cap *Bourou*, et le cap *Romania*, à l'extrémité de la presqu'île de Malacca; le cap *Lopatka*, à l'extrémité méridionale du Kamtschatka; le cap *Oriental*, à l'E. de la Sibérie, près du détroit de Behring; le cap *Septentrional*, ou Severo-Vostokhnoï, au N. de la Sibérie, dans l'Océan Glacial Arctique.

100. Les chaînes de montagnes les plus considérables de l'Asie sont : les monts *Altaï*, vers le centre de l'Asie, au N. de l'Empire chinois; en prenant différents noms, ils s'étendent au N.-E. jusqu'au détroit de Behring, et à l'O. jusqu'aux monts Ourals; les monts *Thian-Chan*, dans l'Empire chinois, au S.-O. des monts Altaï; les monts *Kuen-Lun*, au S.-E. des précédents; les monts *Himalaya*, entre l'Empire chinois et l'Indoustan : ce sont les plus hautes montagnes du monde; le mont *Bolor*, qui unit les monts *Himalaya* aux monts Thian-Chan; les *Ghattes*, le long de la côte occidentale de l'Indoustan.

101. Les plus grands fleuves de l'Asie sont : l'*Ob*, qui reçoit l'*Irtich* et le *Tobol;* l'*Ienisseï*, qui reçoit l'*Angara;* la *Lena;* ils se jettent dans l'Océan Glacial; l'*Amour* ou Sakhalien, qui se jette dans la Manche de Tarrakaï; le *Hoang-ho*, ou fleuve Jaune, et le *Yang-tse-kiang*, ou fleuve Bleu, qui se jettent dans la Mer Jaune; le *Mé-kong*, ou rivière de Cambodje, qui se jette dans la Mer de Chine; le *Mé-nam*, qui se jette dans le golfe de Siam; le *Thanluayn*, l'*Irraouaddy*, le *Brahmapoutre*, le *Gange* grossi de la *Jumna*, la *Kistnak*, qui se jettent dans le golfe du Bengale; le *Sind*, ou Indus, qui se jette dans le golfe d'Oman.

102. L'Asie peut être divisée en 12 contrées principales, savoir :

Au Nord, la SIBÉRIE, villes principales : *Tobolsk*, *Irkoustk*.

A l'Ouest, la TRANSCAUCASIE, ville principale : *Tiflis*. La TURQUIE d'ASIE, villes principales : *Smyrne*, *Trébizonde*, *Damas*, *Jérusalem*.

Au Sud-Ouest, l'ARABIE; villes principales : *La Mecque*, *Médine*.

Au Centre et à l'Est, la PERSE, villes principales : *Téhéran*, *Ispahan*, *Chiraz*. Le CABOUL, villes principales : *Caboul* et *Hérat*. Le BÉLOUTCHISTAN, ville principale : *Kélat*. La TARTARIE INDÉPENDANTE, ou TURKESTAN, ville principale : *Boukhara*. L'EMPIRE CHINOIS, capitale *Pékin*, résidence de l'Empereur.

(Pékin. — Vue de la porte de Tsien-Men.)

AFRIQUE

Gravé par L. Sonnet.

Paris _ Imp. Monrocq.

L'EMPIRE DU JAPON, villes principales : *Myako* et *Yédo*.

Au Sud, l'INDOUSTAN, capitale *Calcutta*, appartient aux Anglais pour la plus grande partie.

L'INDO-CHINE, villes principales : *Hué, Bangkok, Malacca* aux Anglais, *Saïgon* appartient à la France.

SECTION IV

AFRIQUE

103. L'Afrique est une immense presqu'île baignée par la Mer Méditerranée, l'Océan Atlantique, le Grand Océan Austral, la Mer des Indes, le golfe Arabique, et jointe à l'Asie par l'isthme de Suez, qui n'a pas plus de 120 kilomètres de largeur. Dans cette vaste presqu'île se trouvent des déserts immenses, brûlés du soleil; mais dans quelques parties, particulièrement sur les côtes, on trouve des pays fertiles, dans lesquels la végétation est d'une vigueur extraordinaire. Les déserts sont peuplés de bêtes féroces, tels que le lion, la panthère, le rhinocéros, le crocodile, les serpents, etc. On y trouve aussi le zèbre, la girafe, l'éléphant, la gazelle, l'autruche, etc.

104. Les golfes principaux de l'Afrique sont : les golfes de *Cabès* et de la *Sidre*, sur les côtes de la Barbarie, formés par la Mer Méditerranée; le golfe de *Guinée*, formé par l'Océan Atlantique; la baie de *Lorenzo-Marquez*, ou de *Lagoa*, sur la côte de la Cafrerie.

105. Les principaux caps de l'Afrique sont : le cap *Bon*, le point le plus septentrional, dans la Barbarie; le cap *Blanc*, dans le Sahara; le cap *Vert*, le point le plus occidental, dans la Sénégambie; les caps des *Palmes*, des *Trois-Pointes*, *Formose*, dans la Guinée septentrionale; le cap *Lopez*, dans la Guinée méridionale; le cap de *Bonne-Espérance*, le point le plus méridional, et le cap des *Aiguilles*, dans le gouvernement du Cap; le cap des *Courants*, au S. de la capitainerie générale de Mozambique; le cap *Delgado*, au N. de la capitainerie générale de Mozambique; le cap *Guardafui*, le point le plus oriental, à l'extrémité du Somâl.

106. Les îles principales de l'Afrique sont : dans l'Océan Atlantique, les *Açores*, les îles *Madère*, célèbres par leur vin; les îles *Canaries*, les îles du *Cap Vert*, l'*Ascension*, *Sainte-Hélène*.

Dans l'Océan Indien, l'île de la *Réunion*, aux Français; l'île de *Madagascar*, l'une des plus grandes îles connues, et l'île de *Socotora*, près du cap de Guardafui.

107. Les principaux lacs de l'Afrique sont : le lac *Loudéah*, près du golfe de Cabès; le lac *Tchad*, en Nigritie; le lac *Dembéa*, en Abyssinie; les lacs *Nyanza-Oukérévé*, *Albert* ou *Nzighé*, *Tanganyika*, *Nyassa*, *Chiroua* et *Nyami*, dans la Nigritie méridionale.

108. Les plus grands fleuves de l'Afrique sont : le *Nil*, qui traverse la Nubie et l'Égypte, et se jette dans la Méditerranée ; le *Sénégal*, et la *Gambie*, dans la Sénégambie, qui se jettent dans l'Océan Atlantique; le *Niger*, qui arrose la Nigritie et la Guinée septentrionale, et va se jeter dans le golfe de Guinée; le *Zaïre*, appelé aussi

Congo, et le *Couanza*, dans la Guinée méridionale; l'*Orange*, dans la Hottentotie, qui se jettent dans l'Océan Atlantique; le *Zambèze* qui se jette dans le canal de Mozambique.

109. L'Afrique peut être divisée en 16 contrées, savoir :

Au Nord, l'ÉGYPTE, capitale le *Caire;* villes principales : *Alexandrie* et *Suez*, sur le canal de Suez. La BARBARIE, comprenant : l'empire du *Maroc*, les régences de *Tunis* et de *Tripoli*, et l'*Algérie*. L'Algérie, sous la domination française, est divisée en trois provinces, qui ont pour chefs-lieux : *Alger*, capitale de toute l'Algérie, *Constantine* et *Oran*. Le Sahara est un vaste désert où se trouvent quelques oasis.

Alger. — Vue du port.)

Au Nord, la NUBIE; ville principale : *Khartoum*. L'ABYSSINIE, ville principale: *Gondar*. Le SOMAL, ville principale : *Berbéra*.

A l'Ouest, la SÉNÉGAMBIE, ville principale : *Saint-Louis*, aux Français. La GUINÉE SEPTENTRIONALE, la GUINÉE MÉRIDIONALE.

Au Sud, le gouvernement du CAP. La HOTTENTOTIE.

A l'Est, la CAFRERIE, le MOZAMBIQUE et le ZANGUEBAR.

Au Centre, la NIGRITIE SEPTENTRIONALE ou SOUDAN, la NIGRITIE MÉRIDIONALE, qui est en partie inconnue.

SECTION V

AMÉRIQUE

110. L'Amérique est bornée au N. par des Mers peu connues; à l'E., par l'Océan Atlantique; à l'O., par le Grand Océan.

L'Amérique fut découverte en 1492 par Christophe Colomb. Elle est arrosée par les plus grands fleuves du monde et renferme les plus riches mines d'or et d'argent. La pomme de terre, le maïs, le tabac, croissent naturellement dans ce pays. C'est là aussi que l'on trouve le *condor* et l'*oiseau-mouche*, le plus grand et le plus petit des oiseaux.

La population de l'Amérique est composée de naturels appelés *Indiens*, qui ont le teint rouge cuivré; d'*Européens*, de toutes les nations; de *Créoles*, descendants des Européens et nés en Amérique; de *Métis*, nés d'un Européen et d'une Américaine; de *Nègres*, qui y ont été transportés

AMÉRIQUE SEPTENTRIONALE.

de l'Afrique, et de *Mulâtres*, nés d'un Européen et d'une Négresse.

L'Amérique se divise en deux grandes presqu'îles, que l'on appelle Amérique septentrionale et Amérique méridionale ; elles sont réunies par l'isthme de *Panama*.

CHAPITRE PREMIER

AMÉRIQUE SEPTENTRIONALE.

111. Les mers intérieures et les principaux golfes de l'Amérique septentrionale sont : la Mer *Polaire de Kane;* la Mer de *Baffin*, à l'O. du Groënland ; la Mer d'*Hudson*, au N. de la Nouvelle-Bretagne ; le golfe de *Saint-Laurent*, à l'E. de la Nouvelle-Bretagne ; la baie de *Fundy*, à l'extrémité N.-E. des États-Unis ; le golfe du *Mexique*, au S. de l'Amérique septentrionale ; la Mer des *Antilles*, au N. et à l'E. des Etats de l'Amérique centrale, et au N. de l'Amérique méridionale. La partie occidentale de la Mer des Antilles se nomme golfe de *Honduras*.

Le Grand Océan forme, sur la côte O. du Mexique, la Mer *Vermeille* ou golfe de *Californie.*

112. Les six presqu'îles de l'Amérique septentrionale sont : le *Labrador*, entre la Mer d'Hudson, l'Océan Atlantique et le golfe de St-Laurent ; l'*Acadie* ou Nouvelle-Écosse, entre le golfe de St-Laurent, l'Océan Atlantique et la baie de Fundy ; la *Floride*, au S. des États-Unis, entre le golfe du Mexique et l'Océan ; le *Yucatan*, entre les golfes du Mexique et de Honduras ; la *Vieille Californie*, entre la Mer Vermeille et le Grand Océan, à l'O. du Mexique ; la presqu'île d'*Alaska*, dans l'Amérique Russe, entre la mer de Behring et le Grand Océan.

Les détroits les mieux connus et les plus importants sont : ceux de *Davis*, à l'entrée de la mer de Baffin ; d'*Hudson*, à l'entrée de la mer de ce nom ; de *Belle-Ile*, entre le Labrador et Terre-Neuve ; et le canal de *Bahama*, entre la Floride et les îles Lucayes ou de Bahama.

113. Les neuf principaux caps de l'Amérique septentrionale sont : le cap *Farewel*, au S. du Groënland ; les caps *Wostenholm*, au N.-O., et *Charles*, à l'E. du Labrador ; le cap *Hatteras*, à l'E. des États-Unis ; le cap *Agi* ou *Tancha*, au S. de la Floride ; le cap *Catoche*, au N.-E. du Yucatan ; le cap *San-Lucas*, au S. de la Californie ; le cap *Alaska*, à l'extrémité de la presqu'île de ce nom ; le cap *Occidental* ou du Prince de Galles, sur le détroit de Behring.

114. Les principales chaînes de montagnes sont : les deux chaînes parallèles, nommées les *Apalaches* ou les *Alleghanys*, et les montagnes *Bleues*, qui traversent les États-Unis du S.-O au N.-E. ; les montagnes *Rocheuses*, qui, partant de l'Amérique Russe, s'étendent jusqu'à l'isthme de Panama.

115. Les huit principaux lacs sont : le lac de l'*Esclave* et le lac *Ouinipeg*, dans la Nouvelle-Bretagne ; les lacs *Supérieur*, *Michigan*, *Huron*, *Érié*, *Ontario*, au N. des États-Unis (ces cinq lacs communiquent entre eux ; c'est entre les deux derniers que se trouve la fameuse cataracte *du Niagara*) ; enfin le lac *Nicaragua*, dans les États de l'Amérique centrale.

116. Les sept plus grands fleuves sont : le

fleuve *Mackensie*, qui coule au N. et se rend dans l'Océan Glacial; le fleuve *Nelson*, qui se jette dans la mer d'Hudson; le fleuve *St-Laurent*, qui sort du lac Ontario, et se jette dans le golfe St-Laurent; le *Mississipi*, qui reçoit à gauche l'*Ohio*, à droite le *Missouri*, l'*Arkansas* et la rivière *Rouge*, et se jette dans le golfe du Mexique; le *Rio del Norte*, qui se jette dans le même golfe; le *Rio Colorado*, qui se jette dans la Mer Vermeille, et la *Colombia* ou *Orégon*, qui se jette dans le Grand Océan.

117. L'Amérique septentrionale renferme six contrées principales; ce sont : au nord, le territoire d'ALASKA, le GROENLAND, la NOUVELLE-BRETAGNE ou Canada qui appartient aux Anglais; villes principales : *Ottava, Québec, Montréal*. Au centre, les ÉTATS-UNIS, villes principales : *Washington*, siége du gouvernement

(New-York. — Vue du port.)

central; *New-York*, la ville la plus commerçante et la plus peuplée de l'Amérique; *Philadelphie*, *Chicago*, *St-Louis*, *la Nouvelle-Orléans*, *San-Francisco*.

Au Sud, le MEXIQUE, capitale *Mexico*, villes principales : *La Vera-Cruz*, *Puebla*. Les cinq petits états de GUATEMALA, HONDURAS, SAN-SALVADOR, NICARAGUA et COSTA-RICA.

CHAPITRE II

AMÉRIQUE MÉRIDIONALE.

118. Les principaux golfes sont : ceux de *Darien*, à l'E. de l'isthme de Panama; de *Maracaïbo*, au N. de la république de Venezuela, formés par la Mer des Antilles; de *Tous-les-Saints*, formé par l'Océan Atlantique Équinoxial, sur les côtes du Brésil; de *St-Antoine*, de *St-Georges*, la *Grande-Baie*, formés par l'Océan Atlantique Austral, sur les côtes de la Patagonie; de *Guayaquil*, au S.-O. de la Colombie; de *Panama*, à l'O. de l'isthme, formés par le Grand Océan.

119. Les îles principales sont : la *Nouvelle-Géorgie*; les îles *Malouines*, dans l'Océan Atlantique Austral; l'*archipel de Magellan*, dont l'île la plus considérable est la *Terre de Feu*, au S. de la Patagonie; l'*archipel de la Mère de Dieu*, sur les côtes O. de ce pays.

120. Les caps les plus remarquables sont : le cap de *la Véla*, au N. de la république de Venezuela; les caps *St-Roque*, *St-Augustin* et *Frio*, sur la côte orientale du Brésil; les caps *des Vierges* au S.-E., de *la Victoire* au S.-O., *Forward* au S. de la Patagonie; le cap *Horn*, au S. de l'archipel de Magellan; le cap de *la Aguja*, le cap *Blanc*, au N.-O. du Pérou; le cap *St-François*, à l'O. de la Nouvelle-Grenade.

AMÉRIQUE MÉRIDIONALE.

OCÉANIE

ASIE
Japon
I. Formose
Tropique du Cancer
MICRONÉSIE
Iles Carolines
Arch. des Iles Marshall
Equateur
Iles Salomon
Arch. de la Louisiade
Groupe de l'Union
Arch. Pomotou
Iles Viti
Iles Navigateurs
Tropique du Capricorne
Iles de la Sonde
Batavia
Timor
Bornéo
Célèbes
Luçon
Mindanao
Palawan
Palmerston
Hollande
AUSTRALIE
C. Leeuwin
Albany
Sidney
Melbourne
Tasmanie
Hobarton
Wellington
Nelson
POLYNÉSIE
GRANDE OCÉAN
Iles Hawaï
MALAISIE
MÉLANÉSIE

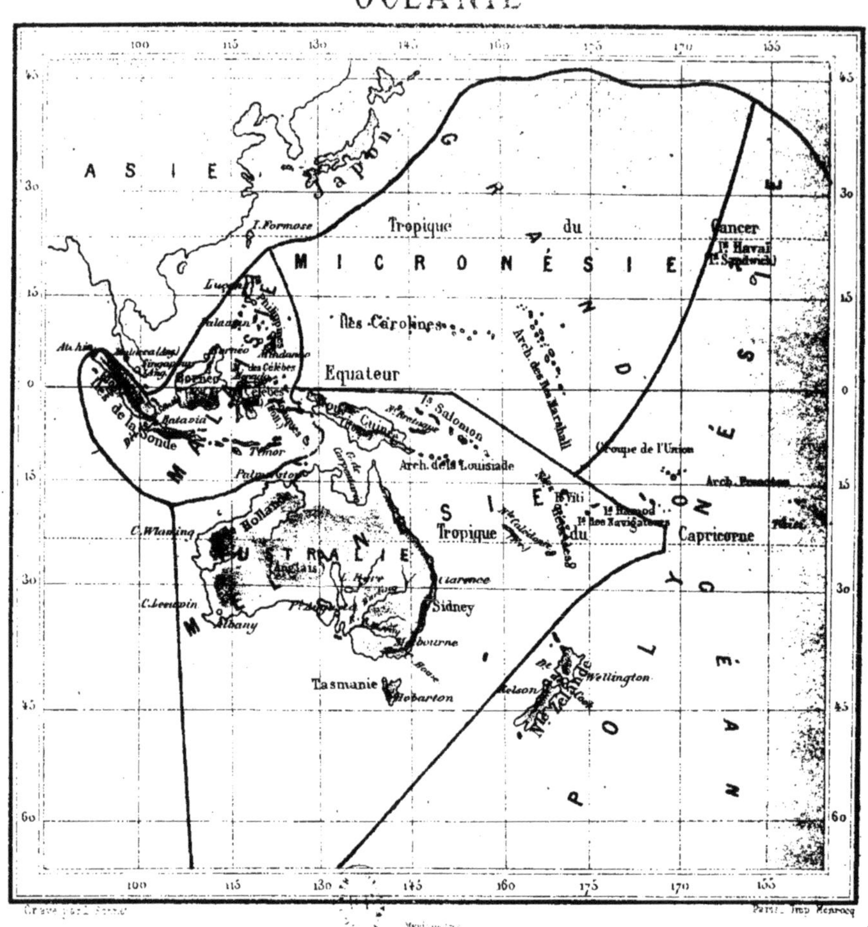

121. Les montagnes sont : les montagnes du *Brésil*, les *Cordilières des Andes*, qui parcourent l'Amérique méridionale du N. au S., à peu de distance de la côte occidentale.

122. Les plus grands fleuves sont : la *Magdalena*, qui se jette dans la mer des Antilles ; l'*Orénoque*, le fleuve des *Amazones* ou le *Maragnon*, le plus grand fleuve du monde, qui reçoit, à droite, l'*Ucayali*, la *Madeira*, le *Topayos* et le *Xingu;* à gauche, le *Rio Negro ;* le *Tocantin*, ou Grand Para, qui reçoit l'*Araguay*, le *San-Francisco*, qui se jettent tous dans l'Océan Atlantique Équinoxial; le *Rio de la Plata*, formé du *Paraguay*, du *Pilcomayo*, du *Parana* et de l'*Uruguay*, et qui se jette dans l'Océan Atlantique Austral.

123. L'Amérique méridionale se divise en douze contrées, qui sont : au N., les Républiques de l'ÉQUATEUR, de COLOMBIE, et de VENEZUELA, la GUYANE dont une partie appartient à la France. A l'E., le BRÉSIL, capitale *Rio-Janeiro ;* l'URUGUAY, capitale *Montevideo;* la PLATA, capitale *Buenos-Ayres;* au centre, le PARAGUAY, capitale l'*Assomption;* au S., la PATAGONIE; à l'O., le CHILI, capitale *Santiago;* le PÉROU, capitale *Lima;* la BOLIVIE ou HAUT-PÉROU.

ANTILLES.

124. On appelle *Antilles* toutes les îles situées entre les deux Amériques, la Mer des Antilles et l'Océan Atlantique. Les principales, appelées Grandes-Antilles, sont: *Cuba, la Jamaïque, Haïti* et *Porto-Rico.*

SECTION VI

OCÉANIE

125. L'Océanie comprend l'Australie et toutes les îles situées au S.-E. de l'Asie ou dispersées dans le Grand Océan. Elle se divise en 4 parties : la *Malaisie*, la *Micronésie*, la *Polynésie*, la *Mélanésie*.

126. La Malaisie se compose des îles de la *Sonde*, *Sumatra* et *Java*, des îles *Timor*, *Bornéo*, *Célèbes*, *Moluques* et *Philippines*.

127. La Micronésie comprend les îles *Marshall*, les *Carolines*.

128. La Polynésie renferme les îles *Sandwich*, *Pomotou*, *Taïti*, la *Nouvelle-Zélande*.

129. La Mélanésie comprend la grande terre

(Sydney. — Vue du port.)

de l'Australie appartenant à l'Angleterre; sa ville capitale est *Sydney*.

Les autres parties de la Mélanésie sont : les îles de *Tasmanie*, la *Nouvelle-Guinée*, la *Louisiade*, les *Nouvelles-Hébrides* et la *Nouvelle-Calédonie* qui appartient à la France.

APPENDICE.

PALESTINE

130. La Palestine avait pour bornes : à l'O., la Mer Méditerranée, au N., la Syrie, à l'E., l'Arabie déserte, au S., l'Idumée.

La Palestine, qui fut autrefois un pays très-fertile, est maintenant en partie déserte; les espaces cultivés diminuent lentemente envahis par la solitude. L'aspect en est plein de tristesse.

Elle a été désignée sous les noms de *Terre promise*, parce que Dieu avait promis de donner ce pays à la postérité d'Abraham ; *Judée*, du nom de Juda, la plus considérable des tribus d'Israël ; *Palestine*, par altération du nom des Philistins ; *Terre sainte*, à cause des mystères religieux qui s'y sont opérés.

131. Les principales montagnes sont : le *Liban* et l'*Anti-Liban*, le *mont Carmel*, le *mont Thabor*, le *mont de Galaad*, les *monts de Juda* ; près de Jérusalem, le *mont Calvaire* ou *Golgotha*, et le *mont des Oliviers*.

Les deux fleuves de la Palestine sont : le *Jourdain* qui se jette dans la Mer Morte, et le *Leontes* qui se jette dans la Méditerranée.

Les deux principaux lacs sont : le lac *Asphaltite* ou *Mer Morte*, et le lac de *Génézareth* ou *Mer de Galilée* ou de *Tibériade*.

(Jérusalem. — Vue prise du mont du Mauvais Conseil.)

La ville la plus importante de la Palestine est *Jérusalem*, qui fut la capitale de David et de Salomon.

Villes principales : *Bethléem*, *Jéricho*, *Samarie*, *Sichem*, *Tibériade*, *Joppé*.

132. Après avoir conquis le pays, Josué le partagea entre les douze tribus : *Ruben*, *Gad*, *Dan*, *Isaakhar*, *Zabulon*, *Aser*, *Nephtali*, *Juda*, *Siméon*, *Benjamin*, *Ephraïm* et *Manassé*.

Au retour de la captivité de Babylone et jusqu'à la mort d'Hérode on trouve une division nouvelle en quatre grandes provinces : la *Galilée*, la *Samarie*, la *Judée* et la *Pérée*.

PALESTINE.

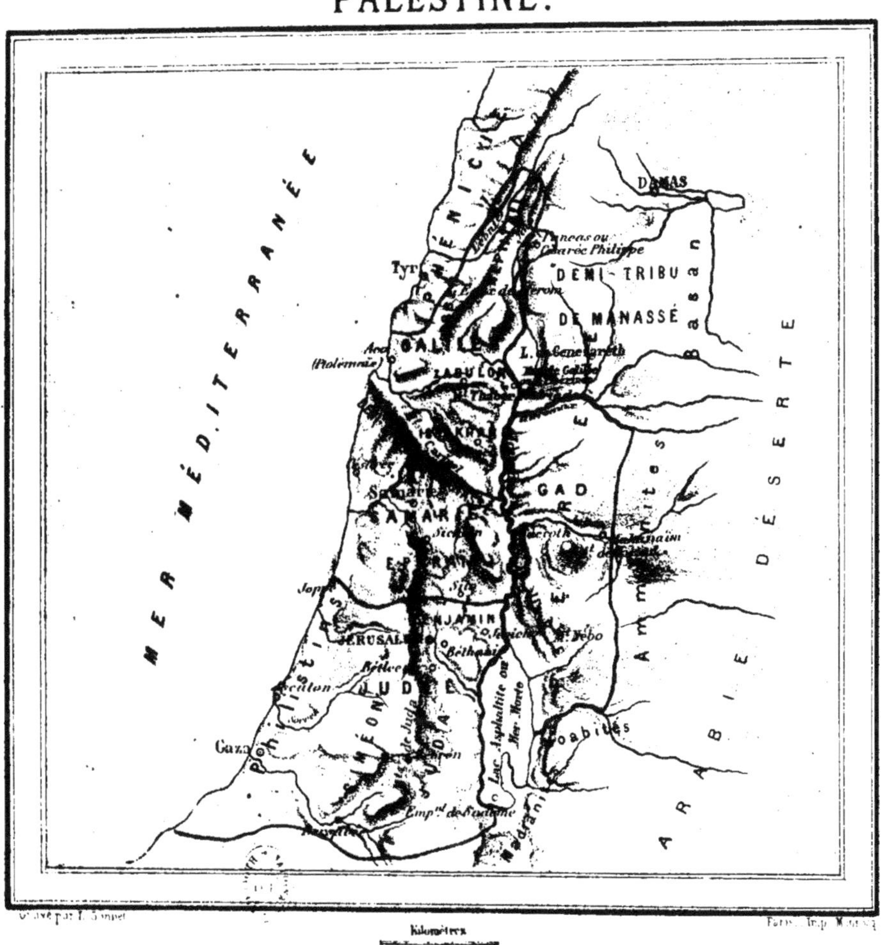

MER MÉDITERRANÉE
DAMAS
Paneas ou Césarée Philippe
DEMI-TRIBU
DE MANASSÉ
Tyr
(Ptolémaïs)
ZABULON
GAD
Samarie
Sichem
Silo
Bethanie
Gaza
Lac Asphaltite ou Mer Morte
Moabites
Basan
ARABIE DÉSERTE
Kilomètres
0 10 20 30 40 50

QUESTIONS
SUR LA GÉOGRAPHIE
SERVANT
DE TABLE DES MATIÈRES

(Les chiffres placés avant chaque question indiquent les articles qui contiennent la réponse.)

SECTION PREMIÈRE
Notions préliminaires.

CHAPITRE PREMIER

25. Qu'est-ce qu'un Volcan?

26. Qu'est-ce qu'un Défilé?

27. Qu'est-ce qu'un Banc de sable?

28. Qu'appelle-t-on Écueils? — Récifs ou Brisants?

29. Qu'est-ce qu'une Mer intérieure?

30. Qu'est-ce qu'un Golfe? — Une Baie? — Une Anse?

31. Qu'est-ce qu'une Rade?

32. Qu'est-ce qu'un Port?

33. Qu'est-ce qu'un Détroit?

34. Qu'est-ce qu'un Archipel?

35. Qu'est-ce qu'un Gouffre?

36. Qu'est-ce qu'un Lac? — Un Étang?

37. Qu'est-ce qu'un Marais?

38. Qu'est-ce qu'un Ruisseau? — Une Rivière? — Un Fleuve?

39. Qu'appelle-t-on la Source et l'Embouchure d'un Fleuve?

40. Qu'est-ce qu'un Confluent?

41. Qu'est-ce que la droite ou la gauche d'une Rivière?

42. Qu'est-ce qu'une Cataracte? — une Cascade?

43. Qu'est-ce qu'un Canal?

CHAPITRE II

GRANDES DIVISIONS DU GLOBE.

44. Quelles sont les cinq parties du Monde?

45. Quelles sont les cinq grandes Mers Extérieures?

SECTION II

EUROPE

CHAPITRE PREMIER

46. Quelles sont les bornes de l'Europe? Combien contient-elle d'habitants?

47. En combien de parties divise-t-on l'Europe?

48. Quels noms l'Océan Atlantique prend-il sur les côtes de l'Europe?

49. Quels sont les Mers Intérieures et les principaux Golfes de l'Europe?

50. Quelles sont les Iles les plus considérables de l'Europe?

51. Quelles sont les Presqu'îles de l'Europe? et où sont-elles situées?

52. Quels sont les principaux Détroits?

53. Quels sont les Caps de l'Europe?

54. Quelles sont les principales chaînes de Montagnes?

55. Quels sont les Volcans de l'Europe? où sont-ils situés?

56. Quels sont les Lacs de l'Europe?

57. Quels sont les Fleuves de l'Europe?

CHAPITRE II

§ 1. *Région du Nord.*

58. Quelles sont les îles que l'on comprend sous le nom d'Îles Britanniques? Quels sont les bornes de cet État? Quels fleuves l'arrosent? Quelles en sont les principales productions? Quelles en sont les villes remarquables?

59. Quelles sont les villes principales de l'Écosse?

60. Quelles sont les principales villes de l'Irlande?

61. De combien de parties se compose le DANEMARK?

62. De quoi se compose le royaume de SUÈDE? — Quelles sont les principales villes de Suède?

63. Quelles sont les principales villes de Norwége?

64. Qu'est-ce que la Laponie?

65. Quelles sont les bornes de la RUSSIE D'EUROPE?

66. Quels sont les fleuves de la Russie d'Europe? et de quoi se compose-t-elle?

Quelles en sont les villes principales?

§ 2. *Région du milieu.*

67. Quelles sont les bornes, la population et les productions de la FRANCE?

68. Quels sont les 5 grands fleuves qui arrosent la France, et les rivières qu'ils reçoivent?

69. Quelles sont les autres rivières de France?

70. Quelles sont les principales montagnes de France?

71. Quelles sont les îles qui appartiennent à la France?

72. Quels sont les six grands réseaux de chemins de fer français.

73. Comment la France était-elle divisée avant 1790, et comment l'est-elle aujourd'hui?

74. Quels étaient les 32 grands gouvernements, et leurs capitales?

75. Quels étaient les 8 petits gouvernements?

76. Quel est le département formé de la Flandre? — De l'Artois? — De la Picardie? — Quels sont les départements formés de la Normandie? — De l'Ile-de-France? — De la Champagne?

77. Quels sont les départements qui étaient formés de la Lorraine? — De l'Alsace? — Quels sont les départements formés de la Franche-Comté? — De la Bourgogne? — Du Lyonnais? — Du Dauphiné?

78. Quels sont les départements formés de la Provence? — Du Languedoc? — Quel est le département formé du Roussillon? — Du comté de Foix? — Du Béarn? — Quels sont les départements formés de la Guyenne et de la Gascogne?

79. Quel est le département formé de l'Angoumois? — De l'Aunis et de la Saintonge? — Quels sont les départements formés du Poitou? — Quel est le département formé de l'Anjou? — Quels sont les départements formés de la Bretagne? — Du Maine?

80. Quels sont les départements formés de l'Orléanais? — Quel est le département formé de la Touraine? — Du Berry? — Du Nivernais? — Du Bourbonnais? — De la Marche? — Quels sont les départements formés du Limousin? — De l'Auvergne? — Quel est le département formé du Comtat Venaissin? — De l'île de Corse? — Quels sont les départements formés de la Savoie? — Quel est le département formé du Comté de Nice?

81. Quels sont, pour chacun des départements, son chef-lieu et ses sous-préfectures?

82. Quelles sont les bornes de la SUISSE? —

Quelles langues parle-t-on en Suisse?—Quel est l'aspect de ce pays? — Quelles en sont les productions et quelles en sont les villes principales?

83. Quelles sont les bornes de la BELGIQUE et ses principales villes?

84. Quelles sont les bornes de la HOLLANDE et quelles en sont les villes principales?

85. Quelles sont les rivières de l'Allemagne? Quelles sont les bornes de la Prusse?

86. Quelles sont les huit provinces qui formaient le royaume de Prusse? Quels sont les sept pays récemment annexés à la Prusse? — Quels sont les territoires enlevés à la France? — Nommez les États de l'Allemagne du Sud avec leurs principales villes?

87. Quelles sont les bornes de l'AUTRICHE? — Quelles sont les rivières de l'Autriche? — Quelles sont ses principales villes?

§ 3. *Région du Sud.*

88. Quelles sont les bornes du PORTUGAL? Quelles en sont les principales villes? — Quelles sont les productions du Portugal?

89. Quelles sont les bornes, les fleuves, les productions de l'ESPAGNE? — Quelles en sont les principales villes?

90. Quelles sont les bornes de l'ITALIE? — Par quoi est-elle remarquable? — Quels sont les fleuves de l'Italie? — Quelles en sont les principales villes?

91. Quelles sont les bornes de la TURQUIE d'EUROPE?

92. Quelles sont les bornes de la GRÈCE? Quelles en sont les villes principales?

SECTION III

—

ASIE

93. Quelles sont les bornes de l'ASIE?

94. Quels noms le Grand Océan et l'Océan Indien prennent-ils sur les côtes de l'Asie?

95. Quelles sont les mers intérieures et les principaux golfes de l'Asie?

96. Quelles sont les îles de l'Asie?

97. Combien y a-t-il de presqu'îles en Asie? et où sont-elles situées?

98. Quels sont les principaux détroits de l'Asie?

99. Quels sont les principaux caps?

100. Quelles sont les principales chaînes de montagnes?

101. Quels sont les plus grands fleuves de l'Asie?

102. En combien de contrées l'Asie est-elle divisée?

Nommez ces contrées.

SECTION IV

—

AFRIQUE

103. Quelles sont les bornes et les productions de l'AFRIQUE?

104. Quels sont les principaux golfes de l'Afrique?

105. Quels sont les principaux caps de l'Afrique?

106. Quelles sont les îles de l'Afrique?

107. Quels sont les lacs de l'Afrique?

108. Quels sont les principaux fleuves de l'Afrique?

109. En combien de contrées divise-t-on l'Afrique? — Quelles sont ces contrées et où sont-elles situées?

SECTION V

AMÉRIQUE

110. Quelles sont les bornes de l'AMÉRIQUE? Par qui a-t-elle été découverte? — Quelles sont les productions de l'Amérique? — Quels noms différents portent les habitants de ce continent?

CHAPITRE PREMIER

AMÉRIQUE SEPTENTRIONALE.

111. Quels sont les mers intérieures et les principaux golfes de l'Amérique septentrionale?

112. Quelles sont les six presqu'îles de l'Amérique septentrionale? Quels sont les détroits de l'Amérique septentrionale?

113. Quels sont les neuf caps principaux?

114. Quelles sont les principales chaînes de montagnes de l'Amérique septentrionale?

115. Quels sont les huit principaux lacs de l'Amérique septentrionale?

116. Quels sont les sept plus grands fleuves de l'Amérique septentrionale?

117. Combien de contrées l'Amérique septentrionale renferme-t-elle?

CHAPITRE II

AMÉRIQUE MÉRIDIONALE.

118. Quels sont les principaux golfes de l'Amérique méridionale?

119. Quelles sont les îles principales de l'Amérique méridionale?

120. Quels sont les caps principaux?

121. Quelles sont les montagnes?

122. Quels sont les plus grands fleuves?

123. En combien de parties l'Amérique méridionale se divise-t-elle?

ANTILLES.

124. Qu'appelle-t-on ANTILLES? — Quelles sont les Grandes-Antilles?

SECTION VI

OCÉANIE

125. Qu'est-ce que l'OCÉANIE? — Comment se divise-t-elle?

126. De quoi se compose la MALAISIE?

127. Quelles sont les îles de la MICRONÉSIE?

128. Quelles sont les îles de la POLYNÉSIE?
129. Que comprend la Mélanésie?

(APPENDICE)

PALESTINE

130. Quelles sont les bornes de la PALESTINE? — Quels sont les noms sous lesquels elle a été désignée?

131. Quelles sont les principales montagnes de la Palestine? — Quels sont ses principaux fleuves? — Quels sont ses principaux lacs?

132. Quelles étaient les douze tribus de la Palestine? — Dites la division de la Palestine en quatre provinces.

DEVOIRS
DE GÉOGRAPHIE

A FAIRE D'APRÈS LES CARTES.

Ces devoirs ont pour objet d'habituer les élèves à formuler des réponses d'après la vue et l'examen attentif des cartes.

MAPPEMONDE.

Quelles sont les parties du monde qui se trouvent sous l'Équateur?
Quelles sont les parties du monde qui se trouvent au Nord du Tropique du Cancer?
Quels sont les océans qui baignent les deux Amériques?

EUROPE.

Quelles sont les plus grandes îles de l'Europe?
Quelles sont les trois grandes presqu'îles de l'Europe?
Quelles sont les parties de l'Europe baignées par l'Océan Atlantique et les mers qui en dépendent?
Quelles sont les parties de l'Europe baignées par la mer Méditerranée et les mers qui en dépendent?
Quelles mers devra-t-on traverser pour aller du golfe de Finlande au détroit de Gibraltar?
Quelles mers devra-t-on traverser pour aller du détroit de Gibraltar à la mer d'Azof?
Quelle est la partie de l'Europe la plus étendue?
Quels sont les pays limitrophes de la France?
Quels sont les pays limitrophes de l'Espagne?
Quels sont les pays limitrophes de l'Allemagne?

Quelles sont les îles à l'ouest de la France ?
Quelle est l'île qui forme à elle seule un département français ?
Sur quelles mers sont situés Cherbourg, Brest et Toulon ?
Quels sont les quatre grands fleuves de la France ?
Quels sont les affluents de la Seine ?
Quels sont les affluents de la Loire ?
Quels sont les affluents de la Garonne ?
Quels sont les affluents du Rhône ?
Quelles sont les montagnes qui séparent le cours de la Loire du cours du Rhône ?
Quelles sont les hautes montagnes qui forment les frontières de la France au Sud et à l'Est ?
Quel est le fleuve qui passe à Orléans et à Nantes ?
Quel est le fleuve qui passe à Paris ?
Quel est le fleuve qui passe à Toulouse et à Bordeaux ?
Quel est le fleuve qui passe à Lyon et quel affluent y reçoit-il ?

FRANCE POLITIQUE.

Par quelles villes passe le chemin de fer de Paris à Cherbourg ?
Par quelles villes passe le chemin de fer de Paris à Belfort ?
Par quelles villes passe le chemin de fer de Paris à Lille ?
Par quelles villes passe le chemin de fer de Paris à Toulon ?
Par quelles villes passe-t-on en chemin de fer pour aller de Bordeaux à Avignon ?

ASIE.

Quelle est la contrée de l'Asie baignée par l'Océan Glacial Arctique ?
Quelles sont les contrées de l'Est de l'Asie baignées par le Grand Océan et les mers qui en dépendent ?
Quelles sont les contrées de l'Asie baignées par la mer des Indes ?
Quelle route suivrait un navire qui irait de Yédo à Bombay ?

AFRIQUE.

Quelles sont les mers qui séparent l'Afrique de l'Europe et l'Afrique de l'Asie ?
Quelles sont les deux parties de l'Afrique les plus proches de l'Espagne ?
Quelles sont les parties de l'Afrique baignées par la mer Méditerranée ?
Quelle route suivrait un navire qui irait du détroit de Gibraltar à l'île de la Réunion en passant par le canal de l'isthme de Suez ?
Quels sont les caps que doublerait un navire qui suivrait les côtes Est de l'Afrique en allant du détroit de Gibraltar à l'île de Madagascar ?
Quels sont les pays limitrophes de l'Algérie ?
L'Afrique nous est-elle entièrement connue ?

Quels sont les deux pays limitrophes des États-Unis?
Quels sont les cinq grands lacs voisins les uns des autres dans l'Amérique septentrionale?
Quelle route suivrait un navire qui irait de la Jamaïque à San-Francisco en passant par l'Océan Glacial Arctique?

AMÉRIQUE MÉRIDIONALE.

Quel est le plus grand fleuve de l'Amérique méridionale et quels sont ses principaux affluents?
Quelle est la plus grande contrée de l'Amérique méridionale et quelles sont les contrées qui lui sont limitrophes?
Quels sont les caps et les golfes qui se trouveraient sur la route d'un navire allant de Cayenne à Valparaiso?

OCÉANIE.

Quelle est la partie du monde la plus rapprochée de l'Océanie?
Quelles sont les îles les plus étendues de l'Océanie?
Quels sont les principaux groupes d'îles de l'Océanie?
Quelles sont les principales îles de l'Océanie situées exactement sous l'Equateur?

PALESTINE.

Quelles sont les bornes de la Palestine à l'Est et à l'Ouest?
Quelle est la direction du Jourdain et dans quel lac se jette-t-il?
Quelle est la ville importante qui se trouve entre le lac Asphaltite et la mer Méditerranée?

FIN DE LA GÉOGRAPHIE CARTOGRAPHIQUE

Paris. — Imp. Gauthier-Villars, 55, quai des Grands-Augustins.

www.ingramcontent.com/pod-product-compliance
Ingram Content Group UK Ltd.
Pitfield, Milton Keynes, MK11 3LW, UK
UKHW020951180726
13838UKWH00003B/1252

9 782329 284040